Giulio Haas
Die Weltsicht von Teilhard und Jung

W

Giulio Haas

Die Weltsicht
von Teilhard und Jung

Gegensätze, die sich vereinen

Walter-Verlag
Olten und Freiburg im Breisgau

Inhalt

Zwei ganz verschiedenartige und doch sich ergänzende Genies

Auf meinem langen, persönlichen Suchen nach dem Sinn des Lebens bin ich im Laufe der Jahre auf zwei Männer gestoßen, die dieses Suchen wesentlich geprägt haben: Pierre Teilhard de Chardin (1881–1955) und Carl Gustav Jung (1875–1961). Beide Männer kannten sich wahrscheinlich nicht. Daß Jung etwas von Teilhard wußte, ersah ich aus einer Bemerkung von Marie-Louise von Franz in ihrer Biographie über C. G. Jung. Dort ist zu lesen: «Von Teilhard de Chardins Buch ‹Le Phénomène Humain› sagte Jung: ‹Es ist ein großartiges Buch›» (M. L. von Franz, C. G. Jung, 166, Anm. 54). Doch weder im Gesamtwerk Jungs noch in seinen Briefen taucht der Name Teilhard de Chardin wieder auf. Bei Teilhard selber fand ich aber auch nirgends einen Hinweis auf C. G. Jung.

Daß ich hier dennoch versuche, beide Männer, Genies unseres Jahrhunderts, zusammenzubringen, kann sich also nicht auf historische Fakten berufen, oder dann nur auf sehr schwache. Doch versuchen wir tief genug in die seelische Tiefe von Jung und Teilhard einzudringen, was vor allem mit Hilfe der Tiefenpsychologie Jungs geschehen soll, dann wird sehr bald verständlich, daß beide Forscher eine gewisse Seelenverwandschaft besitzen; eine gemeinsame Aufgabe, mit ihrem jeweiligen Wortschatz, mit ihrer jeweiligen Methode, dem Menschen von heute den Sinn des Lebens aufzudecken.

Pierre Teilhard de Chardin wird am 1. Mai 1881 auf dem Landsitz Sarcenat bei Clermont-Ferrant in der Auvergne geboren als Sohn eines begüterten Landedelmanns. In der Provinz verbrachte er seine Kindheit. Dann kam er nach dem zweihundert Kilometer östlich von Clermont nahe Lyon gelegenen Villefranche-sur-Saône in das Kolleg Notre-Dame-de-Mongré bei den Jesuiten ins Gymnasium. Nach seinen erfolgreichen Gymnasialjahren entschloß er sich, dem Orden der Jesuiten beizutreten. Nach dem Philosophie- und Theologiestudium kam Teilhard nach Paris. Es war ein Vertrauensbeweis, daß der Orden ihn ihm August 1912 für die nächsten Jahre zum freien Studium der Paläontologie und verwandter Fächer dorthin schickt. Teilhard de Chardins naturwissenschaftliches Interesse ist inzwischen schon mehr als ein Hobby. Er soll die nötigen Zertifikate in Geologie, Botanik und Zoologie erwerben und mit dem naturwissenschaftlichen Doktorat einen staatlich anerkannten Abschluß machen. Die Begegnung mit den neuen Professoren und Studienkollegen ist für ihn eine Offenbarung. Unter den Professoren ragte vor allem Marcellin Boule (1861–1942) heraus. Er war einer der hervorragendsten Begründer der systematischen Erforschung des fossilen Menschen. In Paris begegnet er auch seiner Cousine Marguerite, die später vor allem seine Briefvertraute wurde. Noch in seinem Alterswerk «Das Herz der Materie» erinnert sich Teilhard an diese Begegnung seiner ersten Pariser Jahre. So schreibt er: «Das Lebendigste des Greifbaren ist das Fleisch. Und für den Mann ist das Fleisch die Frau. Seit der Kindheit auf der Suche nach dem Herzen der Materie, war es unvermeidlich, daß ich mich eines Tages dem Weiblichen von Angesicht zu Angesicht gegenüber fand. – Das Merkwürdige ist nur, daß in diesem Fall die Begegnung mein dreißigstes Lebensjahr abgewartet hat, um sich zu ereignen. – So groß war für mich die Faszination durch das Unpersönliche und das Allgemeine . . . Eine seltsame Verspätung also. Aber eine fruchtbare Verspätung, denn da die neue Energie meine Seele genau in dem Augenblick durchdrang, als am Vorabend des Krieges der kosmische Sinn und der menschliche Sinn eben im Begriffe waren, in mir das kindliche Stadium zu verlassen, lief sie nicht mehr Gefahr, meine Kräfte abzulenken oder zu verzetteln, sondern traf gerade rechtzeitig auf eine Welt geistiger Aufbrüche, deren Dimensionen, noch ein wenig kalt, nur auf sie warteten, um zu gedeihen und sich bis zu Ende zu organisieren» (Teilhard de Chardin, *Das Herz der Materie*, 84).

Am 24. September 1914 erreichte Teilhard der Befehl seiner Ordensoberen, sich nach Canterbury in Südengland zu begeben, um dort das «Terziat» zu beginnen: das die Ordensausbildung abschließende, vorwiegend dem Spirituellen gewidmete «dritte» Probejahr, doch dann kam die Einberufung zum Militärdienst. Auf sein Drängen, an die Front zu kommen, wird er am 20. Januar 1915 als Sanitäter zweiter Klasse dem 8. marokkanischen Schützenregiment zugeteilt. Die ersehnte Fronterfahrung wird ihm reichlich zuteil. Günther Schiwy schreibt in seiner Biographie Teilhard de Chardins zu diesen Kriegsjahren: «In Wirklichkeit ist dieses ‹Außensein› Indiz dafür, daß Teilhard in den Kriegsjahren nicht nur aus dem kirchlichen, sondern auch aus dem politisch-gesellschaftlichen Milieu, in das er hineingeboren und in dem er erzogen worden ist, hinauswächst. Teilhard selbst wird sich der Bedeutung der Kriegsjahre für die Entwicklung seines Weltbildes bald bewußt und beginnt deshalb am 25. August 1915 ein Tagebuch: ‹Möge auf dieses schlechte Schulheftpapier zur Ehre unseres Herrn das Beste meines Denkens sich ergießen ... Wünsche, Bemerkungen, Skizzen, endlich gereifte Ideen, die alle wie mit einem Schlage, kaum daß ich sie ertastete, sich wohlgestaltet in meiner Hand herausbildeten›. Die Tagebücher geben neben den Briefen an die Cousine Marguerite einen authentischen Einblick in diese inneren Kämpfe. Aus ihnen geht jener Teilhard hervor, dessen ‹Schriften aus der Kriegszeit›, die zwanzig Titel umfassen und in Abschriften unter Freunden kursierten, in Paris Aufsehen erregen. Die Kriegsjahre an der Front sind für Teilhard die

Geburtsjahre eines Propheten» (Günther Schiwy, Teilhard de Chardin, 1, 253f).

In seinem Lebenswerk hat Teilhard versucht, den Lesern – besser gesagt, den erhofften Lesern, denn ein großer Teil seiner Schriften durfte zu seinen Lebzeiten nicht veröffentlicht werden –, darzulegen, wie er die Welt und vor allem die Menschen in dieser Welt sieht. Er war überzeugt, daß diese Sicht vor allem auch das Verhältnis Gott-Welt aufhellen könne. Sein Anliegen war es, eine Schau zu vermitteln, seine Weltschau oder wie er sich auch ausdrückt – seine Weltanschauung. Immer blieb dies sein primäres Anliegen; und wir dürfen es nicht übersehen, wenn wir uns mit seinem Werk auseinandersetzen wollen. Dies gilt es vor allem auch dann zu beachten, wenn seine Schriften den Eindruck erwecken, naturwissenschaftlich sein zu wollen, was sie der teilhardschen Intention gemäß aber nicht immer sind. Oft ist nämlich seine naturwissenschaftliche Terminologie nichts anderes als ein Sprachmittel. In manchen Schriften wählt er die naturwissenschaftliche Ausdrucksweise, um auch die, und vor allem die zu interessieren, welche weder von der hergebrachten theologischen noch von der philosophischen Terminologie angesprochen werden. Was für eine Terminologie er auch gebraucht, es kommt ihm immer darauf an, eine *Schau der Wirklichkeit* zu vermitteln, oder noch genauer: Sein Anliegen ist es, zu verdeutlichen, wie er von seiner Schau aus die Gesamtwirklichkeit sieht. Es ist nicht erstaunlich, daß er dadurch sehr schnell in Konflikt mit der Naturwissenschaft, der Philosophie und der Theologie geriet. Doch wenn dieser Konflikt auch verständlich ist, darf nicht übersehen werden, daß jede Wissenschaft die *eine* Wirklichkeit von ihrem je eigenen Standpunkt aus angeht.

Am 22. April 1955 berichtet Vetter Jean de Lagarde gegenüber Teilhard de Chardins Bruder Joseph, Teilhard habe ihm kurze Zeit vor Ostern gesagt: «Ich möchte am Tage der

Auferstehung sterben.» Sein Wunsch geht in Erfüllung. Am
10. April 1955, am Ostersonntag, zur nachmittäglichen Tee-
stunde in der New Yorker Wohnung Rhoda de Terras, stürzt
Teilhard bewußtlos zu Boden. Nach einigen Minuten öffnet
er die Augen und sagt: «Wo bin ich? Was ist passiert?...
Aber wo bin ich?» Rhoda erwidert: «Sie sind bei uns. Erkennen Sie mich?» «Ja, aber was ist passiert?» Als der Arzt
kommt, liegt Teilhard in den letzten Zügen. Kurz bevor ein
Pater aus der Jesuitenresidenz St. Ignatius eintrifft, erliegt
Teilhard der Herzattacke. Er war, wie so viele Jahre vorher,
im Exil, ein Ausgestoßener, von seiner Kirche verkannt und
angefeindet, eine Art Ketzer.

Als Sohn eines evangelischen Pfarrers wurde C. G. Jung am
26. Juli 1875 in Kesswil am Bodensee geboren. Sechs Monate
später übernahm sein Vater die Pfarrei von Laufen bei Schaff-
hausen und erhielt schließlich 1879 eine Anstellung im Pfarr-
amt von Klein-Hüningen, einem Dorf im Kanton Basel-
Stadt, die er bis zu seinem Tod innehatte. In Basel besuchte
Jung dann auch das Gymnasium. Dann entschloß er sich für
das Medizinstudium. Nach einigem Zögern entschied er sich
für die psychiatrische Richtung in der Medizin. So kam er an
die Universitätsklinik «Burghölzli» nach Zürich. Unter der
strengen Leitung des Professors Bleuler, eine anerkannte
Kapazität in seinem Fach, wurde er in die Geheimnisse der
seelischen Krankheiten eingeführt. Seit Beginn war es nicht
nur die Kunst des Heilens, die ihn bewegte, sondern vor allem
auch die Erforschung der Natur des Psychischen. So konnte
Jolande Jacobi in ihrem Buch «Die Psychologie von C. G.
Jung» schreiben: «Will man zu einem richtigen Verständnis
der Jungschen Lehre kommen, so muß man sich vor allem auf
Jungs Standort begeben und mit ihm die *volle Realität alles
Psychischen* anerkennen... Für Jung ist nun alles Psychische
nicht weniger wirklich als alles Körperliche, wenn auch nicht
tastbar, so doch in seiner Unmittelbarkeit voll und eindeutig

erfahrbar und beobachtbar» (Jolande Jacobi, Die Psychologie von C. G. Jung, 1). Sehr früh kam Jung in Kontakt mit Siegmund Freud, mit dem er in regem Briefkontakt stand. Freud sah in ihm einige Zeit seinen Kronprinzen, doch dann kam es 1913 zum Bruch zwischen Freud und Jung. Die Auffassungen beider Forscher waren zu verschieden, um weiterhin zusammengehen zu können. Jungs Absicht und Ziel war es, das Psychische als das uns gegebene «Organ» zur Erfassung von Welt und Sein zu untersuchen, seine Phänomene zu beobachten, zu beschreiben und sie in eine sinnvolle Ordnung zu bringen. Wie Teilhard ging er dabei eigene Wege und geriet dadurch in ähnliche Auseinandersetzungen und Schwierigkeiten wie Teilhard.

Von allen Seiten, von der naturwissenschaftlichen, von der philosophischen und von der theologischen Seite, sind die Werke beider Forscher in diesem oder jenem Punkt angreifbar und sicher auch korrigierbar. Es geht mir in diesem Buch nicht darum, diese Aufgabe irgendeiner Fachrichtung streitig zu machen, ich möchte mich hiermit aber auch nicht daran beteiligen. Alle notwendigen Korrekturen berühren aber – meiner Ansicht nach – nicht die Gesamtschau Teilhard de Chardins und C. G. Jungs. Vorausgesetzt wird allerdings, daß wir sie als *eine* Möglichkeit verstehen, die Gesamtwirklichkeit zu sehen und zu erfassen und zwar sowohl die physische als auch die psychische Gesamtwirklichkeit.

Hier geht es mir vor allem darum, die Gesamtschau Teilhard de Chardins darzustellen. Von dieser Gesamtschau aus versuche ich dann zu den Fundamenten dieser Schau vorzustoßen, und zwar zu den psychischen Fundamenten seiner Schau, die dann mit den Erkenntnissen der komplexen Psychologie C. G. Jungs konfrontiert werden. So hoffe ich darstellen zu können, daß beide, Jung und Teilhard, Wesentliches aufzeigen können auf unserer Suche nach dem Sinn des Lebens der Menschheit und des einzelnen Menschen.

Die Grundstruktur der Weltschau Teilhard de Chardins

1. Der Christus universalis als die zu verwirklichende Ganzheit

a) Die Bedeutung des Evolutionsgedankens im Denken Teilhards

Von vornherein kann gesagt werden, daß Teilhard de Chardins Weltschau unannehmbar ist, wenn sie in ein statisches Weltbild eingeordnet werden soll. Doch dies stand für Teilhard fest: die Gesamtwirklichkeit kann nur als etwas Dynamisches gesehen und verstanden werden, als etwas, das dauernd in Fluß ist. Der Kosmos als eine statische, fixe Größe ist für Teilhard endgültig überholt. Wie immer sich diese Evolution abgespielt hat, es ist nicht möglich, hinter Darwin zurückzugehen, wenn man die Wirklichkeit so sehen will, wie sie uns erscheint. Teilhard spricht daher weniger von einem Kosmos – ein Begriff, der allzuleicht als eine fertige Größe verstanden werden könnte – als vielmehr von einer *Kosmogenese*, ein Begriff, durch den das Entstehen, Werden und Sichentfalten der Gesamtwirklichkeit deutlicher zur Sprache kommt. Ja mehr noch: indem Teilhard das Wort «Genese» gebraucht, zeigt er nicht nur, daß die Gesamtwirklichkeit sich als etwas Dynamisches erweist, sondern auch, daß diese Dynamik als zielgerichtet verstanden werden muß. So sieht Teilhard die Gesamtwirklichkeit als auf dem Weg befindlich, jedoch nicht einfach um des Weges willen. Der Weg der Gesamtwirklichkeit ist zielgerichtet. Es handelt sich dabei nicht um ein von außen vorgeschriebenes oder aufdiktiertes Ziel. Tastend schreitet die Gesamtwirklichkeit voran, auf ein Ziel hin, das sie, voranschreitend, selber entwirft. Es ist hier wichtig zu beachten, daß Teilhard von der Zielgerichtetheit der *Gesamtwirklichkeit* spricht, was nicht notwendigerweise die Zielgerichtetheit des einzelnen Phänomens bedeutet oder doch nur dann, wenn es im Zusammenhang mit der Gesamtheit der Kosmogenese gesehen wird. Um dieses Ziel zu umschreiben, benützt Teilhard ein Symbol. Es ist das Symbol des «*Christus universalis*» oder, wie er auch sagt, des «*kosmischen Christus*».

b) Der Christus universalis als Ziel der Kosmogenese

Teilhard war immer überzeugt, daß ihm das Symbol des Christus universalis von der Bibel angeboten werde. Wir werden später sehen, daß dieses Symbol bei Teilhard noch ganz andere, nämlich psychische Wurzeln hat. Hier genügt aber der Hinweis auf die Bibel. So heißt es im Brief des Apostel Paulus an die Gemeinde in Kolossa: «Alles ist durch ihn und auf ihn hin geschaffen . . . Alles hat durch ihn seinen Bestand» (Kol. 1, 16f). Sicher wußte auch Teilhard, daß die Exegeten in der Interpretation dieser Schriftstellen nicht alle der gleichen Meinung waren. Doch ihre Differenzen kümmerten ihn wenig, fast möchte ich sagen, erschreckend wenig. Er nahm den Satz einfach so, wie er ihn in seiner Bibel vorfand, unkritisch. So wurde er ihm zum gültigen Symbol seiner endgültigen Weltschau.
Diese Unbekümmertheit Teilhard de Chardins der kritischen Exegese gegenüber mag viele überraschen. Doch vom Standpunkt Teilhard de Chardins aus ist diese Einstellung verständlich und vertretbar. Man darf sich wohl fragen: Muß man erst

Exeget sein, um einen biblischen Text zu verstehen? Gibt es nicht auch eine unkritische, aber gläubige, das religiöse Leben in Bewegung setzende Begegnung mit einem biblischen Text? Die Tatsache, daß es immer wieder Menschen gegeben hat und immer noch gibt, die der Bibel auf diese Art begegnen, zeigt deutlich genug, daß diese Frage nicht einfach verneint werden darf. Wie fruchtbar solch eine Begegnung sein kann, zeigt beispielhaft C. G. Jungs «*Antwort auf Hiob*». Er versucht dort nicht als Exeget sich mit dem Buch Hiob auseinanderzusetzen. So sagt er selber: «Ich schreibe nicht als Schriftgelehrter – der ich nicht bin –, sondern als Laie und als Arzt, dem es vergönnt war, tiefe Einblicke in das Seelenleben vieler Menschen zu tun. Was ich ausspreche, ist zwar zunächst meine persönliche Auffassung, aber ich weiß, daß ich zugleich auch im Namen vieler spreche, denen es ähnlich ergangen ist wie mir». (C. G. Jung, *GW. 11.* 392) Diese Bemerkung Jungs ist hilfreich, um Teilhard de Chardins Umgang mit der Bibel zu verstehen. Für Jung steht am Anfang der «Einblick in das Seelenleben vieler Menschen», also die Erfahrung mit einer ganz bestimmten Wirklichkeit. Von dieser Erfahrung her kommt es zur Begegnung mit dem Buch Hiob. Diese Begegnung führt zu einer engagierten Auseinandersetzung, deren Frucht das Buch «Anwort auf Hiob» ist. Ähnlich ergeht es Teilhard. Für ihn stand fest – wie er dazu kam, werden wir noch sehen –, daß die Gesamtwirklichkeit auf ein Ziel hin tendiert. Mit dieser Überzeugung begegnet er der Bibel, und was stand für ihn näher, als dieses Ziel im Christus des Kolosserbriefes aufleuchten zu sehen, «durch den alles Bestand hat». Es soll damit aber keineswegs die Notwendigkeit wissenschaftlicher Exegese in Frage gestellt werden, da es mehrere Wege gibt, der Bibel auf fruchtbare Art und Weise zu begegnen. Und zwar sind es Wege, die sich gegenseitig nicht zu stören brauchen, da sie gar nicht in Widerspruch zueinander stehen müssen.

Wer ist nun aber dieser Christus universalis, dieser kosmische Christus? Ist das noch der Mensch Jesus von Nazaret? Droht hier nicht die menschliche Dimension von Jesus verlorenzugehen? – Diese Frage wurde Teilhard immer wieder gestellt. Viele hat seine Antwort nicht befriedigt. Doch für ihn stand fest, daß es sich bei seinem Christus universalis um niemand anders handeln konnte, als um den historischen Jesus von Nazaret, den Jesus, der von Maria geboren worden ist, den Jesus, den Teilhard in seiner Kindheit durch die Vermittlung seiner Mutter kennen und lieben gelernt hatte, Deutlich weist Teilhard noch in seinem Alterswerk «Das Herz der Materie» darauf hin (vgl. Teilhard de Chardin, *Das Herz der Materie*, 64).

c) Der Christus universalis und der Punkt Omega

Noch bevor Teilhard in seinen Schriften zum Symbol des Christus universalis griff, benutzte er die Chiffre «*Omega*». Mit dieser Chiffre, die er als Symbol benutzte, versuchte er das Ziel anzugeben, auf das die Kosmogenese hintastet. Er verstand Omega als ein Zentrum der ans Ziel gelangten Gesamtwirklichkeit, und es erschien ihm als ein gültiges Symbol, vor allem, um im Gespräch mit den Nichtchristen zu bleiben. Auf die Dauer mußte er aber für den Gebrauch dieser Chiffre einen zu hohen Preis zahlen. Da die Chiffre Omega von Teilhard dem naturwissenschaftlichen Bereich entlehnt worden war, war es schwer, die personale Dimension des Zielpunktes der Kosmogenese in Omega mitklingen zu lassen. Es lag aber Teilhard alles daran, darauf hinzuweisen, daß der Zielpunkt der Kosmogenese als etwas *Personales* verstanden wird, ja, als etwas «*Hyper-Personales*».
Teilhard fühlte sich dazu gedrängt, weil er die Kosmogenese in Richtung auf den Geist hin verstand. Der menschliche

Geist war für ihn die reifste Frucht der kosmischen Entwicklung. Thesenartig schreibt er in seiner Schrift «Mein Glaube»: «Ich glaube, das Universum ist eine Evolution. Ich glaube, die Evolution geht in Richtung des Geistes. Ich glaube, der Geist vollendet sich im Personalen. Ich glaube, das höchste Personale ist der Christus universalis» (Teilhard de Chardin, *Mein Glaube* 116) Die dritte These hat Teilhard im Jahre 1950 etwas korrigiert. Er schreibt in «Das Herz der Materie»: «Heute würde ich sagen: . . . Ich glaube, im Menschen vollendet sich der Geist im Personalen» (*Das Herz der Materie*, 143, Anm. 8). Diese Korrektur sollte verhindern, den Begriff Geist als eine metaphysiche Größe zu verstehen. Durch die Betonung des Menschen, in dem der Geist phänomenal faßbar wird, wollte er aufzeigen, daß für ihn Geist eine historische, biologische, ja planetarische Größe ist, eine echte Frucht der Kosmogenese und keine Begleiterscheinung des Kosmos. Auf dem Weg dieses so verstandenen Geistes schreitet die kosmische Entwicklung weiter in Richtung Omega oder, anders ausgedrückt, in Richtung des Christus universalis. Dieses Weiterschreiten ist aber nur möglich, indem der Geist, der im Menschen personal geworden ist, das heißt in sich selbst zentriert, mit in das Ziel hineingenommen wird, was wiederum bedeutet, daß das Ziel als personal verstanden werden muß, als das Zentrum aller zentrierten Einheiten.

Da die Gesamtwirklichkeit auf dem Weg ist, muß sie notwendigerweise energiegeladen sein. Diese Energie kann aber nur als personal verstanden werden, und zwar sowohl vom Punkt Omega her, weil Omega alles an sich zieht. Omega wirkt in der Gesamtwirklichkeit, sie gleichsam unwiderstehlich an sich ziehend, ähnlich wie der Liebende den Geliebten an sich zieht und ihn durch diese Anziehung verwandelt. Von der Dynamik des menschlichen Geistes her – also gleichsam von unten her –, indem der menschliche Geist sich verschenkend dem Größeren hingibt, dadurch, daß er sich mit ihm vereint.

Durch diese Dynamik von unten wird das Ziel kosmisch, und der Kosmos, unter der Führung des menschlichen Geistes, erhält durch die Anziehung des Zieles dessen Prägung, oder, im Symbol des Christus universalis ausgedrückt: Christus erhält durch die Kosmogenese eine kosmische Dimension, und der Kosmos, der von Christus, dem Punkt Omega, her geprägt wird, erhält eine «christische» Dimension. Diese Prägung versucht Teilhard mit dem Begriff *Christogenese* auszudrücken. Ja, Teilhard scheut sich nicht, an einer Stelle sogar von einer *Theogenese* zu sprechen, von einer Gottwerdung der Gesamtwirklichkeit.

2. Der Weg zum Christus universalis

Teilhard fühlt sich berechtigt, von einem Punkt Omega oder vom Christus universalis zu sprechen, aufgrund des Weges, den die Kosmogenese in der Vergangenheit eingeschlagen hat. Dieser Weg verlief nach ihm gemäß dem Gesetz der *Konvergenz*[1]. Darunter versteht Teilhard die Vereinigung von zuerst getrennten Elementen zu immer größeren Einheiten. So kann er den Weg der Kosmogenese des öfteren auch als einen Weg bezeichnen, der sich nach dem Gesetz immer größerer *Komplexität* richtet. In diesen beiden Begriffen, *Konvergenz* und *Komplexität*, glaubt Teilhard die Grundstruktur der Kosmogenese ausdrücken zu können.

Blicken wir von dieser Struktur aus auf dem Weg nach vorne, dann erscheinen uns immer komplexere Gebilde, die zugleich immer intensiver konvergieren. Das Ziel wird der Punkt Omega sein, das komplexeste Gebilde mit der größtmöglichen Konvergenz. Wenden wir den Blick zurück, dann lösen sich einzelne komplexe Gebilde immer mehr auf, sie stoßen sich gegenseitig ab, divergieren[2], bis zu jenem Punkt, wo alles aufgespalten ist, wo die absolute Vielheit herrscht, die Teilhard als das reine Nichts versteht. Beide Pole sind jenseits jeglicher menschlichen Erfahrung. Es handelt sich also um bewußtseinstranszendente Begriffe, um Postulate. Nur die Erfahrung des Weges, den die Kosmogenese eingeschlagen hat, ermöglicht, beide Pole zu postulieren und in ungefähr etwas zu umschreiben.

Wie Teilhard in seinem Spätwerk «Das Herz der Materie» schreibt, begann seine Faszination für die Gesamtwirklichkeit mit der Liebe zu einem Stück Eisen. In ihm glaubte er das Beständige, Unvergängliche gefunden zu haben. Doch als er enttäuscht an ihm eines Tages Rostflecken entdeckte, die allzudeutlich seine Vergänglichkeit bekundeten, wechselte er über zum Sammeln von Steinen. Hier entdeckte er jenen Bereich, den er später die *Hylosphäre* genannt hat, das Reich des Leblosen, das von physikalischen Gesetzen dominiert wird. Doch für Teilhard war es zugleich das Reich, welches die Keime kommenden Lebens in sich barg, um sie dann eines Tages aus sich heraus zu entlassen. Diese neue Phase, die er die *Biogenese* nannte, ermöglichte die Entstehung einer neuen Sphäre, die Sphäre des Lebendigen, ein neues Reich, die *Biosphäre*. Damit war aber der Weg der Kosmogenese noch nicht abgeschritten. Tastend gestalteten sich immer komplexere Gebilde, mit immer ausgeprägterer Innerlichkeit oder Zentriertheit. Diese dritte Phase im kosmischen Prozeß nennt Teilhard die *Noogenese*, welche die *Noosphäre* bildet. *Noos*, der Geist, bildet so für ihn die letzte Etappe des abgeschrittenen Weges der Kosmogenese. Der Geist ist daher die reichste Frucht der Materie. Er wird von Teilhard als eine *zentrierte Wirklichkeit* verstanden, die im Menschen zum erstenmal selbstbewußt geworden ist.

In der Beschreibung des abgeschrittenen Weges der Kosmogenese finden wir bei Teilhard nicht viel Originalität. Er wußte sich in diesem Punkt in Übereinstimmung mit der Mehrheit seiner naturwissenschaftlichen Zeitgenossen. Daß er aber den Geist konsequent in dieses kosmogenetische Modell eingebaut hat, mag vor allem seine theologischen Kollegen beunruhigt haben. Ihre Unruhe wurde zwar durch die Tatsache etwas gemildert, daß es durch diese Einordnung möglich war, den Geist nicht mehr als ein Epiphänomen der kosmischen Wirklichkeit zu sehen und so den Dualismus von Geist und Materie zu überwinden. Im Weltbild Teilhard de Chardins ist der Geist eine kosmische, physische Größe, was wiederum die Materialisten beunruhigte und auf die Barrikaden rief.

Meiner Ansicht nach liegt die wahre Originalität Teilhard de Chardins darin, daß in seiner Weltschau die Kosmogenese mit der Entstehung des menschlichen Geistes nicht abgeschlossen ist. Von der gleichen Dynamik angetrieben, schreitet sie weiter. Und wie seit jeher ist es die gleiche Anziehung, die im Spiele ist, und sind es die gleichen Gesetze der Komplexität und der Konvergenz, die sie antreiben und leiten.

Indem Teilhard dieses Weiterschreiten zu beschreiben versucht, ist er gezwungen, etwas dazustellen, was sich notwendigerweise der Erfahrung und der Nachprüfung entzieht. Für die Naturwissenschaft liegt hier wohl der schwächste Punkt im Gesamtwerk Teilhard de Chardins. Gerät er durch diesen Versuch nicht ins Reich der Phantasien, ins Gestrüpp unbeweisbarer Spekulationen? Teilhard hat sich mit diesem Vorwurf des öfteren auseinandergesetzt. Unumwunden gibt er die Problematik dieses Vorgehens zu. Doch er versucht dabei aufzuzeigen, daß es ihm gar nicht darum gehe, die konkrete Gestalt der Zukunft auszumalen. Das wäre Phantasterei, wogegen auch er sich wehrt. Er wollte nur aufzeigen, wie der Weg der Zukunft *strukturiert* sein muß, wenn man die kosmischen Gesetze, die in der Vergangenheit dominierend waren, auf die Zukunft extrapoliert und wenn man die Anziehung von Punkt Omega konsequent ernst nimmt.

Der menschliche Geist, so haben wir gesehen, ist die Frucht

der Noogenese, der dritten Phase der Kosmogenese. Doch für Teilhard hat die Noogenese mit der Entstehung des Menschen ihr Ziel keineswegs erreicht. Das wahre Ziel der Noogenese ist für ihn, in Parallele mit der Biosphäre, die *Noosphäre*. Aufgrund des Gesetzes der Komplexität ist sie für Teilhard ein zusammenhängendes Gebilde, das den ganzen Kosmos umfassen wird. Aufgrund des Gesetzes der Konvergenz, der Innerlichkeit oder der Zentriertheit, ist diese Noosphäre eine sich schaffende Wirklichkeit, die auf eine gemeinsame Mitte hintendiert, auf ein Zentrum vieler Zentren, oder, wie Teilhard auch sagt, sie ist etwas Hyper-Personales. Den Zielpunkt der Noogenese, welche die Noosphäre konstituiert, setzt Teilhard, vor allem in den Spätschriften, mit dem Christus universalis gleich. So kann er neben der Noogenese auch von einer Christogenese sprechen. Noogenese und Christogenese bilden für Teilhard eine Einheit, doch hat er lange damit ringen müssen, um die Einheit dieser zwei Strömungen darzustellen. Nie hat er aber die Christogenese als eine vierte Phase der Kosmogenese verstanden, die eines Tages die Noogenese ablösen sollte, so wie sie selber die Biogenese abgelöst hat. Im Grunde sah er die Christogenese gleichsam als die Kehrseite der gesamten Kosmogenese an, die aber vor allem in der Noogenese sichtbar geworden ist. Der Versuch, die Noogenese und die Christogenese als eine Einheit darzustellen, gelang ihm erst, als er in beiden nichts anderes als zwei entgegengesetzte Richtungen sah. So gesehen bildet die Noogenese die aufsteigende Richtung, die tastend voranschreitend, gemäß den Gesetzen der Komplexität und der Konvergenz auf den Christus universalis hinstrebt. Die Richtung der Christogenese ist entgegengesetzt. Sie ist gleichsam absteigend, die gesamte Kosmogenese durchdringend und an sich ziehend. Sichtbar ist diese absteigende Richtung im Geheimnis der Menschwerdung Gottes geworden. Doch diese Menschwerdung findet ihren Abschluß erst, wenn die

Gesamtwirklichkeit vergöttlicht ist. Dann erst haben beide Richtungen ihr Ziel erreicht, die Vergöttlichung der kosmischen Wirklichkeit (Christogenese) und die Kosmisierung Gottes (Noogenese).

3. Die Liebe als kosmische Energie

Da die Gesamtwirklichkeit auf ein Ziel hin ausgerichtet ist, muß in ihr Energie vorhanden sein, die es ihr ermöglicht, diesem Ziel entgegenzutasten. Teilhard glaubt, diese «kosmische Energie» überall entdecken zu können. Er versucht sie in verschiedenen seiner Schriften aufzuzeigen und zu erfassen. Auf der Stufe des Menschen, also des Geistes, erscheint sie als die *Energie der Liebe*. Doch sie war schon lange vor dem Menschen am Werk. So schreibt Teilhard in «Der Mensch im Kosmos»: «In ihrer vollen biologischen Realität betrachtet, ist die Liebe (das heißt die Anziehung, die ein Wesen auf ein anderes ausübt) nicht auf den Menschen beschränkt. Sie ist allem Leben eigentümlich und verbindet sich in verschiedener Weise und in verschiedenem Grade mit allen Gestalten, in denen die organische Materie nach und nach erscheint. Bei den uns noch nahen Säugetieren erkennen wir sie leicht in ihren verschiedenen Ausdrucksweisen: sexuelle Leidenschaft, väterlicher oder mütterlicher Instinkt, soziale Solidarität usw. Weiter entfernt, oder tiefer am Baum des Lebens, sind die Analogien weniger klar. Sie werden immer schwächer und sind schließlich nicht mehr wahrzunehmen . . . Wenn nicht schon im Molekül (gewiß auf unglaublich rudimentärer Stufe, aber doch schon angedeutet) eine Neigung der Vereinigung bestünde, so wäre das Erscheinen der Liebe auch auf höherer Ebene, in der menschlichen Form, physisch unmöglich. Im Prinzip müssen wir voraussetzen, daß sie zumindest in einem Anfangszustand in allem Seienden vorhanden ist,

um dann ihre Gegenwart bei uns mit Sicherheit festzustellen»
(Teilhard de Chardin, *Der Mensch im Kosmos*, 272) Was vom
menschlichen Geist gilt, das gilt auch von der Liebe. Sie ist
nicht von außen in die kosmische Wirklichkeit eingedrungen,
sondern ebenso wie der menschliche Geist ist sie dieser Wirklichkeit entsprungen, hat dabei ihr Gesicht verändert und ist
im Menschen personal geworden.

Beides muß genau beachtet werden: die Kontinuität der
Liebe mit der gesamten Energie und die Diskontinuität durch
die jeweilige Metamorphose. Es ist also von Anfang an dieselbe Energie, welche die Gesamtwirklichkeit vorantreibt,
doch sie verwandelt sich jeweils in den verschiedenen Phasen
der Kosmogenese, was vor allem in der Phase der Noogenese
sichtbar wird. So betrachtet kann der gesamte kosmische
Prozeß von Teilhard als ein Prozeß der *Amorisation*, der
liebenden Vereinigung, bezeichnet werden. Versteht man,
wie Teilhard, unter Liebe die Affinität der einzelnen Elemente oder der einzelnen menschlichen Individuen, die sich
gegenseitig anziehen, dann ist sie mehr als nur eine Anthro-
pomorphisierung der kosmischen Energie. So ist auch verständlich, daß für Teilhard der Mensch der Schlüssel zum
Verständnis der Gesamtwirklichkeit werden kann, was aber
nur gilt, wenn die Diskontinuität dabei nicht unterschlagen
wird. Das bedeutet: Dank der Liebe vereinen sich die einzelnen Elemente, indem sie sich zu jeweils komplexeren und
zentrierteren Einheiten organisieren. So ist die Liebe die
treibende Kraft, die Urkraft der Kosmogenese.

Diese Schau Teilhard de Chardins scheint auf den ersten
Blick den konkreten Tatsachen wenig zu entsprechen.
Zumindest fällt es schwer, die heutige Menschheit so einfach
auf dem Weg der Vereinigung, auf dem Weg zu einer amori-
sierten Noosphäre zu sehen. Gibt es nicht die Spannungen
zwischen Ost und West, Nord und Süd, die Spannungen
zwischen Arm und Reich, Weiß und Schwarz, die Spannun-

gen zwischen den Nationen, das Auseinanderleben von Jung und Alt, Mann und Frau? Teilhard hat diese Spannungen nicht übersehen, und er hat auch versucht, eine Lösung anzubieten. Dazu unterscheidet er zwei Phasen innerhalb der Noogenese, deren Ziel die endgültige Noosphäre sein wird. Die erste Phase ist die *Phase der Divergenz*. Sie besteht vor allem darin, daß die Menschen von der Erde Besitz ergreifen. Dadurch aber streben sie auseinander, setzen sich von einander ab. Jeder entwickelt seine Eigenart, seine Eigenständigkeit, wodurch Spannungen unvermeidlich werden. Doch Teilhard meint, daß diese Phase der Divergenz nicht die Vollendung der Noogenese ist. In ihr gibt es eine zweite Phase, die *Phase der Konvergenz*. So wie wir das Auseinanderstreben, das Sich-voneinander-Absetzen der Menschen nicht bestreiten können, genausowenig dürfen wir das tastende Einandersuchen und Aufeinandereingehen übersehen. Der Beweis, daß die Phase der Divergenz jene der Konvergenz überbieten kann oder umgekehrt, wird wohl kaum je zwingend erbracht werden können. Teilhard hat sich, seiner Weltschau entsprechend, für den Sieg der Konvergenz, der liebenden Vereinigung, ausgesprochen. Doch auch er konnte dafür keinen zwingenden Beweis erbringen. Für ihn ist die Entscheidung eine persönliche, existentielle Notwendigkeit. Es ist nicht zu übersehen, daß gerade in diesem Punkt sein christlicher Glaube maßgeblich mitbeteiligt war, denn, wie er selber sagte, ist die Phase der Konvergenz vor allem durch die Inkarnation, die Menschwerdung Gottes, sichtbar geworden. Im Christentum wird sie, seiner Meinung nach, weitergeführt, von dem er daher nicht nur die stärksten Impulse für die Konvergenz erwartet, sondern dem sie nach ihm auch ihren endgültigen Sieg verdankt. In diesem Sinne spricht Teilhard den etwas gewagten Gedanken aus, daß das Christentum der wahre Erbe der Kosmogenese sei.
Wichtig ist aber zu beachten, daß die beiden Phasen der

Divergenz und der Konvergenz zeitlich nicht klar trennbar sind. Sie laufen in der konkreten Wirklichkeit parallel nebeneinander, wobei einmal die Divergenz – das Sich-Absetzen – zu dominieren scheint, dann aber tritt wiederum die Macht der Konvergenz deutlicher hervor. Teilhard kommt es vor allem darauf an, die Gesamtschau des kosmischen Verlaufes aufzuzeigen, oder, wie wir auch sagen können, die Gesamtschau des kosmischen Schicksals. In dieser Gesamtschau – und nur in ihr – wird, seiner Überzeugung nach, die Konvergenz, die kosmische Energie der Liebe, das letzte Wort sprechen.

4. Das Böse im Weltbild Teilhard de Chardins

Es wird Teilhard immer wieder der Vorwurf gemacht, daß er in seinem Weltbild dem Problem des Bösen zu wenig Platz einräume, daß seine Weltschau zu optimistisch sei. Teilhard selber war hier anderer Meinung. In seinem Kosmos, der auf dem Weg ist und tastend vorwärts schreitet, kann das Böse nicht ausbleiben. Begangene Wege müssen überschritten, unbekannte Pfade tastend ausgekundschaftet werden, aber immer heißt es voranschreiten.

Besonders deutlich wird dies vom Auftreten des Menschen an. Mit Freiheit begabt, kann der Mensch sich dem Vorwärts verweigern, er kann sich isolieren und dem Egoismus verfallen. Da der zu beschreitende Weg in Richtung Konvergenz geht, das heißt, da immer komplexere Gebilde gestaltet werden müssen, in denen sowohl die Einheit als auch die individuelle Unabhängigkeit bewahrt werden, wird das Unterfangen der Kosmogenese in den Händen der Menschen zum großen Wagnis.

So zeigt sich das Böse in der Kosmogenese auf mannigfache Art. Es erscheint als das Übel der Unordnung und des Mißerfolges. In einer Welt, deren Entwicklung tastenderweise voranschreitet, ist es aber unvermeidlich. Unzählige Mißerfolge stehen einem einzigen Erfolg gegenüber und zwar nicht nur in der Natur, sondern auch im Leben des einzelnen Menschen wie in dem der gesamten Menschheit.

Auch der Zerfall ist ein Böses, welches im Laufe der Kosmogenese immer wieder hervorgerufen wird. Nur so aber kann die Weiterentwicklung gewährleistet werden.

Dem Menschen zeigt sich das Böse außerdem noch im Gefühl der Einsamkeit, des Abgetrenntseins und infolgedessen der Angst. Die Fähigkeit der Voraussicht, die durch die Reflexion ermöglicht wurde, bringt die Einsicht in die eigene Sterblichkeit mit sich. Ferner ermöglicht sie dem Menschen, die Unermeßlichkeit des Universums und die Kleinheit seines eigenen Wesens zu erkennen, was notgedrungenerweise mit Angst und Leiden verbunden ist.

Dazu kommt, daß im Wachstum der Welt das Böse unvermeidlich ist. Der Mensch erleidet sein Wachstum, besonders im psychischen und geistigen Bereich, in der Entfaltung seiner Persönlichkeit. Entsprechend ist auch der Prozeß der Personalisation der ganzen Menschheit im hohen Maße leidvoll. Wachstum bedeutet das Fortschreiten auf dem Weg der Vereinigung, der Konvergenz. So beseligend die erreichte Vereinigung ist, so mühselig und leidvoll ist deren Vollzug, oder – wie Teilhard es einmal ausdrückt – «die Jagd nach Vereinigung» (Teilhard de Chardin, *Die menschliche Energie*, 113).

Auf drei Gründe weist Teilhard hin, die diesen Personalisationsprozeß so schmerzhaft machen. Diese Entwicklung «steht auf der Grundlage der *Pluralität*, ... schreitet durch *Differenzierung* voran, ... führt zu *Metamorphosen*» (Teilhard de Chardin, ebd. 113)

Der Mensch, welcher im Begriff ist, seine eigene Individualität zu erlangen, stößt auf die Pluralität der Einzelwesen, die ihn allein schon durch ihre Gegenwart beschränken. Beginnt der Mensch seine Persönlichkeit zu entfalten, versucht er sich mit anderen Menschen in Liebe zu vereinigen, leidet er unter der naturgemäßen Trennung von eben diesen anderen. Nebst der Pluralität der Beschränkung erleidet der Mensch somit die Pluralität als das Getrenntsein von den anderen. Dadurch ist die Pluralität ein Übel, weil sie der vereinigenden Absicht der Amorisation entgegensteht. Je stärker diese Tendenz ist, desto mehr leidet der Mensch darunter, daß er die Vereinigung nicht vollständig erleben kann.

Damit der Mensch seine auseinanderstrebenden Wesenszüge zu einer Person vereinheitlichen und sich mit anderen vereinigen kann, muß er sich wandeln, sich differenzieren, verzichten und sich hingeben; dies alles ist aber ohne Leiden nicht möglich. Ohne diese Bereitschaft zur Versagung und zum Sich-Schenken ist Differenzierung nicht möglich. So schreibt Teilhard: «Jeder Fortschritt der Personalisation muß bezahlt werden: soviel Vereinigung, soviel Leiden» (ebd. 116).

Im Vollzug seiner Personalisation erreicht der Mensch eine Grenze, die er nur durch eine Transformation überschreiten kann. Die Personalisation ist im letzten eine Metamorphose. In dieser Umgestaltung sieht Teilhard das einzige wahre Übel. In einem Universum, das in Konvergenz begriffen ist, sind «die Tode, der Tod, nur auf die Straße der Vereinigung gesäte kritische Punkte» (ebd. 117), über welche die menschlichen Individuen hinausgelangen müssen. Sie können sich dieser Metamorphose jedoch auch entziehen. In dieser Verweigerung sieht Teilhard das moralisch Böse, die menschliche Schuld. Daß es diese Weigerung überhaupt gibt, liegt allerdings nicht darin begründet, daß eine geistige Macht des Bösen in der Welt existiert. Teilhard begründet die Möglichkeit der Weigerung mit der Tatsache, daß die Schöpfung noch nicht abgeschlossen, noch nicht vollendet ist. Eine weitere Begründung ist die Existenz des menschlichen Bewußtseins.

Es gehört zu den realen Bedingungen des Schöpfungsaktes, daß «Gott, um zu schaffen, nur auf eine einzige Weise vorgehen kann ... keineswegs aus Unvermögen, sondern kraft der Struktur des Nichts, über das er sich neigt» (Teilhard de Chardin, Œuvres 11,212, eigene Übersetzung). Unter Struktur des Nichts versteht Teilhard die potentielle Vielheit, die mit ihrem «Flehen, zu sein» zur Existenz strebt, und welche die virtuelle Fähigkeit zur Vereinigung besitzt. So muß Gott «anordnen, nach und nach unter dem Einfluß seiner Anziehung vereinen, indem er zunächst das tastende Spiel der großen Zahlen, eine unermeßliche Menge von zunächst unendlich zahlreichen, äußerst einfachen und kaum bewußten Elementen benutzt – dann schrittweise seltenere, komplexere und schließlich mit Vernunft begabte. Doch was ist die unvermeidliche Kehrseite eines jeden (entsprechend einem derartigen Prozeß) erlangten Erfolges, wenn nicht die Notwendigkeit, sich einen gewissen Anteil an Abfällen zu erlauben? Disharmonien oder physischer Zerfall im Vorlebendigen, Leiden beim Lebenden, Sünde im Bereich der Freiheit: keine in Bildung begriffene Ordnung, die nicht auf allen Stufen Unordnung einschließt. Nichts, ich wiederhole es, in dieser ontologischen (oder genauer ontogenetischen) Bedingtheit des Teilhabenden verletzt die Würde oder begrenzt die Allmacht des Schöpfers ... An sich ist das reine Viele im Zustand der Unorganisiertheit nicht böse: doch weil es einer Vielheit, d. h. wesentlich dem Spiel der Zufälle in seiner Anordnung unterworfen ist, deswegen kann es nicht voranschreiten in Richtung Vereinigung, ohne hier und dort Böses zu zeugen ... Wenn (wie man m. E. unausweichlich zugeben muß) es in den Augen unserer Vernunft nur eine für Gott mögliche Weise zu schaffen gibt – nämlich evolutiv, durch den Weg der Vereinigung –, ist das Übel ein unvermeidliches Nebenprodukt. Es erscheint als eine von der Schöpfung nicht zu trennende Mühsal» (ebd. 212-213). Gott selber ist in diese

Vielheit hinabgetaucht, um sie sich einzuverleiben, denn erschaffen heißt vereinen (vgl. Teilhard de Chardin, ebd. 211). Damit erhält das Böse seinen Platz in der Weltschau Teilhard de Chardins.

Doch in einer Beziehung hat er das Problem des Bösen nicht gelöst. Es handelt sich um das individuelle Böse. Teilhard de Chardins Weltschau versucht zwar verständlich zu machen, warum das Böse in der Welt unvermeidlich ist und den Schöpfergott dadurch nicht desavouiert. Doch seine Schau beantwortet die Frage nicht, warum das Böse, das Leiden, gerade diesen bestimmten Menschen und auf diese besondere Weise befällt. Hier scheint die Schwäche Teilhard de Chardins am sichtbarsten, nämlich sein mangelndes Interesse für den konkreten Einzelfall. Wie sorgfältig er auch als Paläontologe den einzelnen Fundgegenstand untersucht und zu beschreiben versucht, was ihn vor allem interessierte, war, das Einzelne in ein größeres Ganzes einzuordnen, und nicht das Einzelne in seiner jeweiligen Einmaligkeit.

Die innerpsychischen Dynamismen der Teilhardschen Weltschau

Teilhard bezeichnet in seinem Alterswerk «Das Herz der Materie» den Sinn für das Ganze, das Gespür für die Fülle als die treibende Kraft seines Lebens. Er ist überzeugt, daß er ohne diesen Sinn, ohne dieses Gespür die Gesamtwirklichkeit nicht auf solche Art und Weise hätte erfassen können. Damit ist er sich bewußt, daß sein Weltbild nicht nur das Ergebnis objektiver Tatbestände ist, sondern auch die Frucht subjektiver Dynamismen. Physiologisch verstanden sind die Sinne Vermögen des Menschen und der Tiere, mit deren Hilfe die Erscheinungen der Körperwelt unmittelbar und anschaulich erfaßt werden. Diese physiologische Bedeutung der Sinne schließt die Bindung an körperliche Organe mit ein. Sie liefern die Empfindungen, die jeweils einen bestimmten Ausschnitt der Wirklichkeit darstellen.

Wenn nun Teilhard vom «Sinn für die Ganzheit» spricht, so knüpft er an dieses physiologische Verständnis an, dehnt es aber auf das Leben der Psyche und des Geistes aus. Auch im psychisch-geistigen Bereich, so meint Teilhard, benötigt der Mensch Sinne, welche es ihm ermöglichen, die Wirklichkeit, oder wenigstens die Erscheinung der Wirklichkeit, zu erfassen. Dank dieser Sinne vermag der Mensch nicht nur bestimmte Ausschnitte der Wirklichkeit zu erfassen, sondern er vermag dank ihrer der Gesamtwirklichkeit zu begegnen. Wie Uexküll überzeugend nachgewiesen hat, besitzt der Mensch, im Unterschied zum Tier, nicht nur Umwelt, sondern Welt. Das heißt, der Mensch ist das Wesen, das immer schon über die Umwelt hinaus ist, er ist weltoffen. Dank dieser Weltoffenheit ist der Mensch nicht auf das Erfassen bestimmter Auswahlobjekte oder Sachverhalte abgerichtet, sondern frei, von einem Objekt oder Sachverhalt zum anderen schweifen zu können. In Analogie zu den körperlichen Sinnen bezeichnet Teilhard auch dieses Vermögen mit dem Begriff Sinn. Sein Gedankengang kann folgendermaßen zusammengefaßt werden: Da der Mensch weltoffen ist und daher der Gesamtwirklichkeit begegnen kann, braucht er zusätzlich zu den physiologischen Sinnen noch eine Vielzahl von Sinnen, die von körperlichen Organen unabhängig sind. Sie bilden das Vermögen, den Gesamthorizont des Seins zur Erfahrung zu bringen. In diesem Sinne spricht Teilhard von einem Sinn für den unermeßlichen Raum, von einem Sinn für die Tiefe der Zeit, der Zahl, der Proportion, der Dualität oder der Neuheit, der Bewegung oder von einem Sinn für das Organische (vgl. Teilhard de Chardin, *Der Mensch im Kosmos*, 20). All diese Sinne ermöglichen es, jeweils einen *Teil* der Gesamtwirklichkeit zu erfassen. Man könnte diese Sinne auch als eine intuitive Fähigkeit, ein inneres Sehvermögen, bezeichnen, mit dessen Hilfe das Material erfaßt wird, welches Ausgangspunkt weiterer Reflexionen ist, die dann zur durchdachten Weltschau führen. Hier liegt gleichsam die «*Logos-Funktion*» der Sinne im Verständnis Teilhard de Chardins.

Doch Teilhard weist noch auf eine weitere Funktion dieser Sinne hin. Ich möchte sie die «*Eros-Funktion*» bezeichnen, denn dank dieser Sinne vermag der Mensch sich mit dem Weltganzen zu vereinen. So schreibt Teilhard: «Sinn der Evolution, Sinn der Art, Sinn der Erde, menschlicher Sinn... Alles ebensoviele einführende und verschiedene Ausdrücke eines einzigen Bedürfnisses nach Vereinigung» (Teilhard de Chardin, *Œuvres* 11, 217, eigene Übersetzung). Bei der Lektüre des Gesamtwerkes Teilhard de Chardins ist diese «Eros-Funktion» der Sinne nicht zu übersehen. Sie brachte ihm von seiten der Naturwissenschaft den Vorwurf ein, zu unsachlich zu sein, das heißt, unwissenschaftlich, und von seiten der Theologie, ein verkappter Pantheist, das heißt unchristlich zu sein. Hier ist nicht der Ort, auf diese Vorwürfe näher einzugehen. Es geht nur darum, zur Kenntnis zu nehmen, daß es für Teilhard, aufgrund seines Verständnisses der innerpsychischen Sinne, unmöglich war, die «Logos-Funktion» säuberlich von der «Eros-Funktion» dieser Sinne zu trennen. Beide Funktionen bildeten für ihn *die* treibende Kraft seiner Weltschau.

1. Der Sinn für das Ganze

Teilhard versuchte 1950 rückblickend, den innerseelischen Weg, den seine Weltschau eingeschlagen hat, nachzuzeichnen. Als Ausgangspunkt weist er auf eine persönliche Veranlagung hin, die seiner Meinung nach allen Menschen gemeinsam ist, die er aber besonders intensiv von Kindheit an erlebte. Er bezeichnet diese Veranlagung als den Sinn, das Gespür für das einzig Notwendige. So schreibt er: «So weit ich in meine Kindheit zurückgehe, erscheint mir in meinem inneren Verhalten nichts charakteristischer, nichts vertrauter als der Geschmack an oder das unwiderstehliche Verlangen nach irgendeinem ‹einzig Genügenden und einzig Notwendigen›. Um sich ganz und gar wohlzufühlen, um vollkommen glücklich zu sein, muß man wissen, daß ‹irgendetwas Wesentliches›existiert, von dem der ganze Rest nur Zubehör oder Schmuck ist» (Teilhard de Chardin, *Das Herz der Materie*, 29). Dieses Gespüres oder dieser Veranlagung war er fähig dank des Sinnes für das Ganze, für die Vollendung, oder wie er auch schreibt, dank des Sinnes für das Pleroma.
Mit diesem letzten Begriff nimmt Teilhard einen theologischen Begriff auf, der vor allem bei Philon und in der

christlichen Gnosis Bedeutung erlangt hatte. Nach R. Schlier spielte der Begriff «Pleroma» vor allem bei den Valentianern eine besondere Rolle und bedeutete, «aufs ganze gesehen, die göttliche, himmlische Dimension in ihrer Vielfalt und Einheit, die unsichtbare und umfassende Sphäre der Transzendenz, die vollkommene Welt des Geistes als Ursprung und Ziel der Schöpfungs- und Heilspotenzen und ihres Geschikkes, außerhalb deren... nur das Kenoma, die Leere west» (Lexikon für Theologie und Kirche, 8, 560). Auch im Neuen Testament wird der Begriff Pleroma des öfteren gebraucht, vor allem bei Paulus. Im Kolosser- und Epheserbrief ist das Pleroma Gottes das Pleroma schlechthin. Der Ort seiner Gegenwart ist Christus, der Menschgewordene, denn in ihm wohnt das Pleroma leibhaftig. Indem Teilhard diesen Begriff benutzt, übersetzt er ihn zugleich in sein evolutives Weltverständnis. Der Sinn für das Pleroma war für ihn eine Intuition, ein Gespür, eine treibende Leidenschaft, die ihn zutiefst erfüllte. Getrieben von diesem Sinn für das Ganze, glaubt er in der Kindheit diesen Gegenstand seiner Leidenschaft in einem Stück Eisen gefunden zu haben, dann in der Welt der Mineralien, weiter im Organischen, im Menschen und schließlich im «Christischen». In immer neuen Gestalten erschien ihm das Pleroma, das Ganze, doch es war stets derselbe Sinn, dasselbe Vermögen, das dieses Ganze zur Erfahrung brachte. So konnte Teilhard schreiben: «Was immer ich fortschreitend und nicht unterscheidend den ‹Sinn für die Konsistenz›, den ‹kosmischen Sinn›, den ‹Sinn für die Erde›, den ‹Sinn für den Menschen›, den ‹christischen Sinn› nennen werde, alles Folgende wird nichts anderes sein als der Bericht über eine allmähliche Entfaltung oder Evolution dieses fundamentalen oder ‹proteischen› Elementes in mir hin zu reicheren und reineren Formen» (Teilhard de Chardin, *Das Herz der Materie*, 30). Der Sinn für das Ganze ist für Teilhard die treibende Kraft seiner Weltschau. Er kann so gleichsam als Oberbegriff angesehen werden, wobei die anderen Sinne jeweils ein innerseelisches Vermögen bezeichnen, einen bestimmten Aspekt dieses einen Ganzen zu erfassen.

2. Der kosmische Sinn

Teilhard versteht darunter das zutiefst empfundene Gespür von der Verwandschaft der menschlichen Wirklichkeit mit dem evolutiven und letzlich personalen Universum. «Kosmischer Sinn nenne ich die mehr oder weniger verworrene Affinität, die uns psychologisch an das All bindet, das uns umhüllt... In einem personalen Universum findet ... der kosmische Sinn unmittelbar seinen natürlichen Platz: er stellt das mehr oder weniger dunkle Bewußtsein dar, das jeder von uns von der reflektierten Einheit gewinnt, in der er sich mit allen anderen zusammenschließt» (Teilhard de Chardin, Die menschliche Energie, 109f).

Dieser kosmische Sinn kann in einem pluralistischen Universum als eine Einladung zur Erschlaffung und Auflösung verstanden werden. Teilhard war sich dieser Gefahr bewußt und er hat des öfteren darauf hingewiesen, wie verschiedene Formen des Pantheismus ihr erlegen sind, indem der Zugang zur Gesamtwirklichkeit die auflösende Gemeinschaft mit der Natur beinhaltet. Dieser Gefahr entgeht der kosmische Sinn in einer Welt, die nicht nur als universal sondern zugleich als personal gesehen wird, denn in einer solchen Welt zeichnen sich die Gesetze der Vereinigung gerade umgekehrt ab: «Hier geht es für das Element nicht mehr darum, sich auf eine zerstreute Unermeßlichkeit zu verteilen – sondern im Gegenteil darum, sich in Harmonie mit allen anderen Zentren auf ein letztes Zentrum aller Zentren zu zentrieren. Sich zentrieren, das heißt, sich personalisieren – auf ein letztes Zentrum, das heißt auf eine höchste Personalität» (ebd. 111). So ist im tiefsten Verständnis Teilhard de Chardins der kosmische Sinn nichts anderes als eine innerseelische Seite der Liebe. «Er ist eine Liebe; denn er bringt uns zu einem komplementären und einzigartigen Gegenstand personaler Natur. Und er muss eine Liebe sein, weil es seine Rolle ist, die Liebe des Mannes zur Frau und die Liebe des Menschen zu allen anderen Menschen zu überragen, indem er sie vollendet» (ebd. 111). So ist für Teilhard der kosmische Sinn zugleich die ursprünglichste und fortschrittlichste Form der psychischen Energie, in welche sich nach und nach die anderen Energien der Welt verwandeln werden.

3. Der menschliche Sinn

Unter menschlichem Sinn versteht Teilhard eine gegenseitige Anziehungskraft, eine Kohäsionskraft, die im Ganzen der Noosphäre ausgebreitet ist. Dieser menschliche Sinn steht in der Nähe des sexuellen Sinnes, doch überschreitet er den Bereich der Sexualität, denn er richtet sich nicht unmittelbar auf die einzelnen Personen als solche, sondern «auf etwas, das die Personen umfaßt» (Teilhard de Chardin, *Die menschliche Energie*, 104). Anzeichen dieses menschlichen Sinnes sieht Teilhard vielmehr in der Freundschaft. Wird in ihr auch noch die persönliche Begegnung sehr stark verspürt, so ist doch bereits «ein anderes Element erkennbar, das den Beziehungen ihre Festigkeit und ihre tiefe Freude gibt: nämlich ein gemeinsames Interesse» (ebd. 105). Die Freundschaft bleibt für Teilhard ihrer Struktur nach offen für eine stets wachsende Vielheit. Dank der treibenden Kraft des menschlichen Sinnes entstehen die verschiedenen, immer größeren Gruppen, in die die Menschen hineingenommen werden. Sicher geschieht dies oft durch künstliche oder gar erzwungene Bindungen, die keinerlei Seele erzeugen. Doch diese immer größeren Gruppierungen entstehen auch durch gemeinsame Tiefenreaktionen, welche die Menschen in einer außerordentlichen Innigkeit einander näherbringen. Nur in solchen Fällen verwirklicht sich für Teilhard der menschliche Sinn. Es gibt für ihn keine der Physik bekannte Kohäsionskraft, die so stark ist wie jene, die durch den menschlichen Sinn begründet ist. Sie führt aber nur dann in die Richtung immer größerer Personalisation, wenn sie von der Art der Liebe ist, wie es schon vom kosmischen Sinn gesagt wurde. So schreibt Teilhard: «Der menschliche Sinn muß, will er nicht unmenschlich sein, von der Art einer Liebe sein. Die Gesellschaft wird sich also unweigerlich mechanisieren, wenn nicht Schritt um Schritt ihr Wachstumsablauf von einem Jemand gekrönt wird. Die Menschheit muß, um nicht bedrückend zu sein, eine *übermenschliche* Gestalt annehmen» (ebd. 108). Übermenschlich ist nicht im Sinne von unmenschlich zu verstehen, gerade dagegen wehrt sich ja Teilhard. Er versteht unter einer übermenschlichen Gestalt eine *überpersonale* Gestalt, die Hyperperson, die nur erahnt und verwirklicht werden kann dank der Dynamik des menschlichen Sinnes.

4. Der christische Sinn

Der Begriff christisch (christique) ist von Teilhard in Analogie zu kosmisch neu gebildet worden. Wie er in «Das Herz der Materie» darlegte, bedurfte es eines ganzen Lebens, um diesen christischen Sinn zu erfassen und in seine Weltschau einzubauen. Wohl war er von Anfang an von ihm erfüllt. Doch lange Zeit lebte dieser christische Sinn, verstanden als innerpsychische, treibende Kraft, gleichsam neben den anderen Sinnen. Erst im Alter ist es Teilhard gelungen, den kosmischen Sinn und den menschlichen Sinn mit dem christischen Sinn als eine Einheit in seine Weltschau einzubauen.

36

Ausgangspunkt war für Teilhard seine Verehrung des Herzens Jesu. In ihr fand er die Erfüllung seines Bedürfnisses, das Greifbare zu berühren. Doch es störte ihn dabei die Betonung der Sühne und die gleichsam anatomische Festlegung. Für seine Einstellung war dies zu eng. So verwandelte sich das Bild des Herzens Jesu immer mehr zu dem Bild des Feuers, das, energiegeladen, seine Wärme verströmte. Dank der Sicht der Kosmogenese in Richtung Konvergenz auf ein Zentrum hin wurde das Symbol des Herzens Jesu immer mehr zum Symbol eines Zentrums, das alles an sich zieht, indem der so verstandene Christus die gesamte kosmische Wirklichkeit mitverwandelt. «Das liegt daran, daß ich unter dem Einfluß jener seltsamen Hemmungen, die uns so oft daran hindern, das zu erkennen, was wir vor Augen haben, mir keine Rechenschaft darüber gab, daß unausweichlich in dem Maße, als Gott die Welt von den Tiefen der Materie bis zu den Höhen des Geistes ‹umformte›, die Welt im Gegenzug Gott ‹einformen› mußte. Gerade durch das einigende Wirken, das ihn uns enthüllt, ‹verwandelt› sich Gott auf irgendeine Weise, indem er uns sich einverleibt» (Teilhard de Chardin, Das Herz der Materie, 77).

Erst nachdem ihm dies klar geworden war, ging ihm auch die wahre Bedeutung des christlichen Sinnes auf. Teilhard versteht diesen Sinn als das innerseelische Vermögen, den menschgewordenen Gott als jemand zu sehen, der durch die Kosmogenese vollendet wird, und als die Leidenschaft, an dieser ‹Theogenese› mitzuarbeiten. So schreibt er: «Also ihn nicht einfach nur sehen und sich von ihm umfangen und durchdringen lassen, – sondern ebenso (wenn nicht in erster Linie) ihn immer noch weiter entdecken (oder sogar in einem gewissen Sinne ihn ‹vollenden›): So erscheinen mir heute die wesentliche Bewegung und das wesentliche Interesse der hominisierten Evolution. Durch die Begegnung seiner Anziehung mit unserem Denken ist Gott um uns herum und in uns dabei, sich zu ‹verändern›. Durch den Aufstieg der ‹Quantität kosmischer Einigung› werden sein Glanz, seine Farbe reicher» (ebd. 77). So kann Teilhard sagen, daß er dank dieses christlichen Sinnes, in Übereinstimmung mit dem Geist des heiligen Paulus, die Schöpfung als «ein geheimnisvolles Ergebnis der Erfüllung und Vollendung für das absolute Sein selbst», also als die Vollendung Gottes sieht (ebd. 78).

Zusammenfassung

Zum Verständnis der Weltschau Teilhard de Chardins ist die Beachtung dieser verschiedenen innerseelischen Sinne wichtig. Sie bilden die subjektiven Voraussetzungen, ohne die der Gesamthorizont der Wirklichkeit nicht zur Erfahrung gebracht werden kann. So wie das Licht ohne Augen nicht gesehen werden kann, so kann auch die Gesamtwirklichkeit nicht ohne innerseelische Sinnesvermögen erfaßt werden. Daß dies nicht beachtet wurde, ist ein Hauptgrund, warum Teilhard immer wieder auf Ablehnung gestoßen ist. Doch sein Verständnis für diese innerseelischen Vermögen zeigt auch in aller Deutlichkeit, daß der subjektive Aspekt in der Weltschau Teilhard de Chardins eine wesentliche Rolle spielt. Thomas Broch weist darauf hin, wenn er schreibt: «Am Ursprung der Grundgedanken seines Werkes steht nie das rationale Argument, der Begriff oder gar das naturwissenschaftliche Faktum, sondern die Schau, das innere Erlebnis, ein synthetischer Erfahrungsakt mystischer oder religiöser Prägung. Erst ein nachfolgendes Bemühen hebt diese ‹schöpferische Emotion› (um mit Bergson zu sprechen) in die Logik des Begriffes und sucht sie an naturwissenschaftlichen oder soziologischen Fakten sowie philosophischer Argumentation zu erhärten und zu verifizieren. Dabei ist der logisch-empirische Aufweis stets geprägt von der Interpretation durch die vorhergehende Intuition» (Thomas Broch, Das Problem der Freiheit im Werk Pierre Teilhard de Chardins, 31) und Alexander Gasztonyi schreibt in bezug auf die Christologie Teilhard de Chardins: «Sie ist keine Ergänzung in seiner Konzeption, die etwas bezwecken würde, der Evolutionslehre einen spirituellen Abschluß zu geben; sie ist auch keine Konzession des Naturforschers an die Verpflichtung des Priesters und Ordensmannes. Teilhards Christologie ist primär, im zeitlichen wie im logischen Sinne. Seine Christus-Visionen gehen der Vision, in der er die Evolution in ihrer Gesamtheit und Einheit erschaut hat, voran. Der innere Kern der Kosmos-Vision sind Christus-Erlebnisse. Eine solche die Wesensstruktur der Materie aufdeckende und das ganze Weltgeschehen umfassende kosmische Vision kann willkürlich nicht herbeigeführt werden, wie man eine solche synthetische Konzeption auch nicht entwerfen kann; es bedarf dazu der spirituellen Begabung, eines besonderen Sinnes für die verborgene Wirklichkeit: hinter jeder Aussage, selbst der naturphilosophischen, ist nicht nur ein Denker, sondern auch ein Mystiker gegenwärtig» (Alexander Gosztonyi, Der Mensch und die Evolution, 196).

Mit dieser Bemerkung von A. Gosztonyi kommen wir zur grundlegendsten Antriebskraft der Weltschau Teilhard de Chardins. «Mutterboden» seiner Schau sind seine Visionen. Teilhard denkt und schreibt als ein Ergriffener, dazu ist er gestanden; und ein Ergriffener war er, weil er geschaut hat. Nach dem Schauen entdeckte er seine Lebensaufgabe: seine Weltschau den Menschen seiner Zeit als ein Ergriffener darzulegen.

Die Visionen Teilhard de Chardins

Es ist immer wieder versucht worden, das Gesamtwerk Teilhard de Chardins mit einer von ihm vertretenen und ihn beeinflussenden Philosophie in Zusammenhang zu bringen. So wurde er in die Nähe eines Hegel gebracht, dann wieder in die Nähe Bergsons, um nur zwei Beispiele zu nennen. Dieser Versuch soll keineswegs desavouiert werden. Das Buch von Madeleine Barthélemy-Madaule «Bergson et Teilhard de Chardin» darf wohl als eine der besten Arbeiten über Teilhard angesehen werden. Doch es ist erstaunlich, wie selten auf die Bedeutung der Visionen für die Weltschau Teilhard de Chardins hingewiesen wird. Hat man Angst, durch diesen Hinweis den Wert seiner Weltschau zu untergraben? Es wäre doch zu beachten, daß auch C. G. Jung Visionen hatte, die er sehr ernst nahm. So teilte auch Teilhard selbst die vielfach vorhandenen Vorurteile nicht. Noch in «Das Herz der Materie», 1950 geschrieben, weist er auf die Bedeutung dieser frühen Schriften hin, und er scheut sich nicht, zwei von ihnen wörtlich zu wiederholen. Als Begründung schreibt er: «(Ich) halte es für interessant, hier zwei Texte wiederzugeben, die besonders repräsentativ sind für meinen Geisteszustand in jenem Augenblick (in der Periode des Krieges), da meine innere Vision endgültig erwachte» (Teilhard de Chardin, *Das Herz der Materie*, 89).

1. Christus in der Materie

Teilhard versucht hier seine Vision anhand dreier Erzählungen darzustellen. Dabei bedient er sich der Vorlage eines englischen Schriftstellers, Robert Hugh Benson (1871–1914). Am 9. Oktober 1916 schreibt Teilhard seiner Cousine: «Um im Herzen der Dinge, so schön ich es kann, die Gestalt des Herrn zu entwerfen – so wie ich ihn mir vorstelle –, ist mir ein Einfall gekommen, der mir besonders gefällt. Es müßten drei Erzählungen in der Art von Benson sein, drei Quasi-Visionen (trois espèces des visions)... in denen Christus umgeben erschiene von allem, was es in der Wirklichkeit Erlesenes gibt, und unbegrenzt erreichbar und tätig in jedem Geschöpf» (Teilhard de Chardin, *Entwurf und Entfaltung*, 156). Teilhard läßt die Visionen von einem Freund erzählen, doch handelt es sich wohl um persönliche Erfahrungen. Jedenfalls weist ein Brief Teilhard de Chardins darauf hin, in dem er am 20. Oktober 1916 seiner Cousine schreibt: «Du wirst so verständig sein,... in diesen Zeilen ein reines Phantasieprodukt zu sehen– in das ich jedoch viel Persönliches gelegt habe» (ebd. 163).

a) Das Bild

Die erste Vision entzündet sich an einem Bild des Herzens Jesu. Der Erzähler befindet sich in einer Kirche, vertieft im Gebet. Dabei beschäftigt ihn eine zutiefst beunruhigende Frage: «In jenem Augenblick... war mein Geist mit einer halb philosophischen, halb ästhetischen Frage beschäftigt. Nehmen wir an, so dachte ich, Christus ließe sich herab, hier, vor mir, leiblich zu erscheinen, wie würde Er dann aussehen? Welches Gewand würde Er tragen? Und vor allem, auf welche Weise würde Er sich sinnlich faßbar in die Materie einfügen, und auf welche Weise würde Er sich gegen die Ihn umgebenden Gegenstände absetzen? ... Und etwas bekümmerte und schockierte mich verworren bei dem Gedanken, daß der Leib Christi sich in dem Dekor der Welt neben die Menge der niederen Körper stellen könne, ohne daß letztere durch irgendeine wahrnehmbare Verwandlung die Kraft verspürten und erkennten, die sie streifte» (Teilhard de Chardin), *Das Herz der Materie*, 91 f).

Teilhard bezeichnet die Frage, die ihn vordergründig beschäftigte, als eine halb philosophische, halb ästhetische Frage. Seine Tagebuchaufzeichnungen und auch sein Rückblick aus dem Jahr 1950 lassen deutlich erkennen, daß es sich dabei nicht um eine Frage handelte, die ihn nur intellektuell beschäftigte, sondern daß es um ein Problem ging, das von seiner ganzen Existenz Besitz ergriffen hatte. Die Frage nach der Einheit vom Christus seines Glaubens und der Welt seiner Erfahrungen ließ ihn damals nicht los. Dieses intensive Ergriffensein weist, psychologisch gesehen, auf einen Zustand der Introspektion hin, in dem sich Teilhard damals befand. Also auf einen Zustand, bei dem das Bewußtsein leicht von unbewußten Inhalten überflutet werden kann. Es ist daher psychologisch verständlich, daß Teilhard an diesem Punkt den Beginn seiner Vision ansetzt. «Ich befragte mich also wißbegierig über diese Dinge und ich betrachtete das Bild, als die Schau begann. (Genaugenommen vermag ich nicht festzustellen, wann sie begann; denn sie hatte bereits eine gewisse Intensität, als ich mir ihrer bewußt wurde . . .)» (ebd. 92).

Die Konturen des Herz-Jesu-Bildes zerschmolzen, «der Lichtschein Christi, die Falte Seines Gewandes, das Strahlen Seiner Haare, die Blume Seines Fleisches (ging) sozusagen (wenn auch ohne zu entschwinden) in alles übrige ein» (ebd. 93). Die ganze umgebende Wirklichkeit wird von ihm durchdrungen. «Das ganze Universum vibrierte. Und doch, wenn ich versuchte, die Gegenstände einen nach dem anderen zu betrachten, fand ich sie immer ebenso deutlich in ihrer gewahrten Individualität gezeichnet» (ebd. 93).

Ein weiterer Aspekt fällt dem Visionär auf: «Die Materie, eine Blüte der Materie, (hatte) spontan sich selbst verflochten bis in das Innerste ihrer Substanz, wie zu einem wunderbaren Linnen» (ebd. 94). Die Materie wurde so gleichsam zum Kleid Christi, zu seinem Mantel. Doch trotz der Herrlichkeit dieses Mantels, der mit der Hilfe sämtlicher Energien der irdischen Wirklichkeit gewoben war, ist der Seher vor allem vom verherrlichten Gesicht Christi angezogen. In ihm scheint alle Schönheit auf, wie in einem einzigen Licht. «So leuchteten in einem unsagbaren Schillern auf der unbeweglichen Physiognomie Jesu die Lichter aller unserer Schönheiten ... diese zahllosen Tönungen der Majestät, der Süße, der unwiderstehlichen Anziehung, die aufeinander folgten, sich verwandelten, ineinander verschmolzen gemäß einer Harmonie, die mich völlig sättigte ... Und immer schwebte hinter dieser bewegten Oberfläche, sie tragend und sie auch in einer höheren Einheit konzentrierend, die unmittelbare Schönheit Christi» (ebd. 94 f). Diese Schönheit ahnte der Seher mehr, als daß er sie direkt sah, «jedesmal wenn ich versuchte, die Schicht der niederen Schönheiten zu durchstoßen, die sie mir verbargen, erhoben sich andere Sonder- und Teilschönheiten, die mir die wahre verhüllten, während sie durchaus bewirkten, daß ich sie ahnte und verlangte» (ebd. 95).

Nach der Beschreibung von Kleid und Antlitz des geschauten Bildes kommt Teilhard zur Beschreibung der Augen, in denen er das Zentrum des ganzen Geschehens erblickt. Über «sie lief in Irisfarben der Widerschein (es sei denn, es wäre die schöpferische Form, die Idee) all dessen, was bezaubert, all dessen, was lebt ... Und die lichte Einfachheit ihres Feuers löste sich unter meinem Bemühen, sie zu beherrschen, in eine unerschöpfliche Komplexität auf, in der alle Blicke vereint waren, an denen sich jemals ein Menschenherz erwärmt oder gespiegelt hatte. – Diese Augen, die zum Beispiel so sanft und zärtlich waren, daß ich glaubte, meine Mutter vor mir zu haben, wurden im Augenblick darauf leidenschaftlich und zwingend wie die einer Frau – so gebieterisch rein zugleich, daß unter ihrer Herrschaft das Empfinden physisch unfähig gewesen wäre, irrezugehen. Und dann erfüllte sie wiederum eine große und männliche Majestät, ähnlich jener, die man in den Augen eines sehr mutigen, sehr feinen oder sehr starken Mannes liest, allerdings unvergleichlich höher und köstlicher zu ertragen» (ebd. 95 f). Den letzten Ausdruck, der in diesen Augen aufleuchtet, kann der Seher nicht mehr entziffern. «Es war mir unmöglich zu sagen, ob er eine unsagbare Agonie oder ein Übermaß triumphierender Freude verriet» (ebd. 96).

b) Die Monstranz

Der Ausgangspunkt für die Erzählung der zweiten Vision ist eine Tischlampe. Wie Teilhard in einem Brief an seine Cousine schreibt, muß sich eine ähnliche Lampe im Studierzimmer dieser Cousine befunden haben, deren Anzünden in ihm die Erinnerung an das Aufleuchten der Hostie in der Monstranz weckte. Wiederum ereignet sich die Vision in einer Kirche. Während der Seher, vor dem Allerheiligsten kniend, seinen Blick auf die Hostie heftet, hat er den Eindruck, «daß sich ihre Oberfläche ausweite wie ein Ölfleck, ... mir schien, er schreite voran, ohne irgendein Verlangen zu wecken und ohne auf irgendein Hindernis zu stoßen» (ebd. 98).
Die letzte Bemerkung zeigt deutlich, daß der Seher auch bei dieser Vision vom gleichen Problem ergriffen ist wie bei der ersten Erscheinung. Die Frage ist, was geschieht, wenn sich Göttliches und Irdisches begegnen. Vorerst passiert wenig,

die Oberfläche der Hostie dehnt sich ganz einfach aus, wie ein Ölfleck, ohne bei den Dingen im Bereich des Irdischen, «irgendein Verlangen zu wecken, und ohne auf ein Hindernis zu stoßen».

Dann aber vernimmt der Seher ein Gemurmel, ein vielstimmiges Geräusch, «so, wie wenn die aufsteigende Flut ihre Silberwoge über die Welt der Algen ausbreitet... So umhüllte mich, inmitten eines großen Seufzens, das an ein Erwachen oder an eine Klage denken ließ, der Strom von Weiße, er ging über mich hinaus und überflutete alle Dinge. Und alles bewahrte, in sie hineingetaucht, seine eigene Gestalt, seine autonome Bewegung: denn die Weiße verwischte keine Züge, verwandelte keine Natur, vielmehr durchdrang sie die Gegenstände inniger, tiefer als ihr Leben selbst. Es war, als ob eine milchige Klarheit das Universum von innen her erleuchtete. Alles schien aus ein und derselben Art durchscheinenden Fleisches geformt zu sein» (ebd. 98).

Der Seher glaubt schon, daß der «Kosmos... hätte in diesem Aufblühen seiner Aktivitäten seine Fülle erreicht» (ebd. 99). Da bemerkt er eine viel grundlegendere Arbeit, die sich am Kosmos, der eine einzige große Hostie geworden ist, vollzieht. «Von Augenblick zu Augenblick bildeten sich funkelnde Tropfen reinen Metalls auf der inneren Oberfläche der Seienden und fielen in das Zentrum tiefen Lichtes, wo sie sich verloren; – und zugleich verflüchtigte sich etwas Schlacke... der weiße Schimmer war aktiv. Die Weiße verzehrte alles von innen her. – Sie hatte sich, auf den Weg der Materie, bis in das Innerste der Herzen eingeschlichen – sie hat sie bis zum Zerreißen ausgeweitet, nur um in sich die Substanz ihrer Zuneigungen und ihrer Leidenschaften aufzusaugen» (ebd. 99).

Dann, «nachdem sie alles belebt, alles gereinigt hatte, zog sich die unermeßliche Hostie... langsam zusammen; und die Schätze, die sie in sich zurückzog, drängten sich köstlich in ihrem lebendigen Licht» (ebd. 99). Dabei blieben aber auch «gewisse widerspenstige Elemente des Universums hinter ihr in den äußeren Finsternissen zurück» (ebd. 100).

In diesem Augenblick nimmt der Seher seine Umgebung wieder wahr. Die weiße Hostie ist in der goldenen Monstranz eingeschlossen und die «Lampen des Heiligtums warfen hier und dort ihren purpurnen Glanz» (ebd. 100).

c) Die Pyxis

Die Pyxis ist eine vergoldete Kapsel, in welcher der katholische Priester die in der Messe konsekrierten Hostien aufbewahrt, um sie den Kranken zu bringen. Als Sanitätsgefreiter trug Teilhard diese Pyxis bei sich, um auch an der Kampflinie kommunizieren zu können, oder um die konsekrierten Hostien verwundeten Soldaten zu geben.

Teilhard versteht diese seine dritte Erzählung weniger als eine Vision. Es handelt sich für ihn vielmehr «um einen allgemeinen Eindruck, durch den mein ganzes Sein betroffen wurde und noch betroffen ist» (ebd. 101). Doch wie immer die Erzählung zu bezeichnen ist, das Erzählte ereignete sich in dem Zustand einer intensiven Introspektion. Während einer kurzen Gefechtspause in den Schützengräben von Verdun, so berichtet Teilhard, «zog ich mich in meinen Unterstand zurück; und dort wandte sich in einer Art Meditation mein Denken ganz natürlich dem Schatz zu, den ich, durch eine dünne Hülle vergoldeten Silbers kaum von meiner Brust getrennt, bei mir trug» (ebd. 101).

Teilhard hat dies wahrscheinlich nicht zum erstenmal getan. Doch diesmal trat ein neues Empfinden zutage. «Ich bemerkte plötzlich all das, was an Außerordentlichem oder Enttäuschendem daran ist, den Reichtum der Welt und die Quelle des Lebens so nahe bei sich zu halten, ohne sie innerlich besitzen zu können, ohne daß es einem gelingt, sie zu durchdringen oder sie zu assimilieren» (ebd. 101).

Auch nachdem er kommuniziert hatte, gelang es ihm nicht, die erlebte Schranke zu durchbrechen. «Mir schien, als ob im tiefsten Grunde meiner selbst das Brot, das ich verzehrt hatte, wenn es auch zu Fleisch von meinem Fleisch geworden war, noch außerhalb meiner selbst wäre» (ebd. 102). Daher versucht Teilhard sich noch intensiver zu konzentrieren. «Ich machte mich grenzenlos demütig, fügsam, anpassungsfähig wie ein Kind, um in nichts dem geringsten Verlangen des himmlischen Gastes zu widersprechen und mich unmöglich von Ihm zu unterscheiden» (ebd. 102). Da war es ihm, als ob er wie ein Stein in einen Abgrund fiele, ohne daß es ihm gelänge, den Grund zu berühren. «So dünn die Hostie auch war, ich verlor mich in Ihr, ohne daß es mir gelang, Sie zu erfassen oder mit Ihr zusammenzufallen. *Ihre innerste Mitte floh mich, indem Sie mich anzog*» (ebd. 103). Und da es ihm nicht gelang ihre Tiefe auszuloten, versuchte er von außen, mit ihr eins zu werden, indem er sich all ihren Konturen anschmiegte. Doch da öffnete sich ihm eine neue Unendlichkeit. «In dem Maße, wie ich glaubte, Sie einzuschließen, war es keineswegs Sie, die ich hielt, sondern irgendeine der tausend Kreaturen, in deren Mitte unser Leben gefangen ist: ein Leiden, eine Freude, eine Arbeit, ein liebender oder zu tröstender Bruder» (ebd. 103). So wurde der Versuch, sich mit der Hostie zu vereinigen, «zum Ringen mit dem ganzen Universum» (ebd. 103).

Für Teilhard ist dieses Ereignis zur unvergeßlichen Offenbarung geworden. Von nun an gab es für ihn nur noch einen Weg, sich mit Christus zu vereinen, mit ihm zu verschmelzen, nämlich den Weg über das Universum. «Ich kann und muß mich mitten in die menschliche Mühsal hineinwerfen, bis ich den Atem verliere. Je mehr ich meinen Teil übernehme, um so gewichtiger werde ich auf der ganzen Oberfläche des Wirklichen lasten, um so mehr auch erreiche ich Christus und dränge ich mich an Ihn» (ebd. 105).

d) Zusammenfassung

Die Bilder, die in diesen Visionen zum Ausgangspunkt genommen werden, stammen alle aus dem Bereich des katholischen Kultes: Herz-Jesu-Bild, Monstranz, Pyxis. Daß diese Bilder gerade an der Kriegsfront auftauchen, kann psychologisch als *Kompensation* verstanden werden. Teilhard vermißt als Sanitätsgefreiter an der Front die vertraute Welt seines Klosters, in dem er bisher gelebt hat. Unter Kameraden, die größtenteils Muslimen waren, fühlte er sich isoliert und fremd.

Doch muß hier noch eine andere Tatsache berücksichtigt werden. Teilhard weist in seinem Alterswerk «Das Herz der Materie» darauf hin, daß das Universum, vor allem aber die Materie, ihn lange Zeit mehr fasziniert habe als das Christentum. Offen gesteht er, daß diese Faszination des Kosmischen für ihn, als Ordensmann, zur Gefahr zu werden drohte. So fühlte er sich in eine Entscheidungssituation hineingedrängt, in ein Entweder-Oder, gegen das er sich instinktiv zu wehren versuchte. Wenn sich ihm die Visionen im «kirchlichen Gewand» anboten, war es ihm eher möglich, das Kosmische und das Christliche vereint zu erleben. Durch die Visionen fühlte er sich in der Lage, das Kosmische und das Christliche anzunehmen, ohne es künstlich trennen zu müssen, was zu einer inneren Spaltung geführt hätte.

Damit ist das gemeinsame Problem aller drei Visionen gegeben: die Vereinigung des Kosmischen und des Göttlichen. In der ersten Vision erhält das Göttliche kosmische Züge. Als Kleid des Göttlichen, als unbeschreibliche, vielgestaltige Schönheit leuchtet das Kosmische im Antlitz des Herz-Jesu-

48

Bildes auf. – Einen entgegengesetzten Weg scheint das Problem der Vereinigung in der zweiten Vision einzuschlagen. Das Weiße der Hostie, als Symbol des Göttlichen, durchdringt hier den ganzen Kosmos. So erhält das Kosmische gleichsam einen göttlichen Aspekt. – In beiden Visionen erlebt der Seher das Geschehen als passiver Zuschauer, als etwas, das ohne ihn verwirklicht wird. Dies ist in der dritten Vision völlig anders. In ihr fühlt er sich aufgerufen, aktiv am Geschehen der «Vergöttlichung» des Kosmos und der «Kosmisierung» Gottes teilzunehmen. Vielleicht ist dies der Grund, warum Teilhard die dritte Erzählung weniger als eine Vision versteht, als vielmehr als «einen allgemeinen Eindruck, durch den mein ganzes Sein betroffen wurde und noch betroffen ist» (ebd. 101).

2. Die Sehnsucht nach der Front

a) Die Ausführung

In diesem Essay handelt es sich weniger um eine Vision, als vielmehr um die Beschreibung eines Gefühls. So schreibt Teilhard in einem Brief an seine Cousine am 23. September 1917: «... Wir leben hier ruhig. Aber die Kompanien sind recht verstreut, und ich habe keinen ganz einsamen Ort für mich außer die Wälder, wenn ich entwischen kann. Es reizt mich ein wenig, dieses Gefühl der Fülle und des Übermenschlichen kurz zu analysieren und zu rechtfertigen, das ich so oft an der Front erfahren habe und das, wie ich fürchte, der Grund für meine Sehnsucht nach dem Krieg ist. Mit scheint, man könnte zeigen, daß die Front nicht nur die Feuerlinie ist, die Korrosionsoberfläche der Völker, die sich bekämpfen, sondern auch in gewisser Weise die ‹Front der Woge›, die die menschliche Welt ihren neuen Geschicken entgegenträgt. Wenn man nach einem bewegten Tag beim Schein der Leuchtraketen in die Nacht hinausblickt, scheint es, als befände man sich an der äußersten Grenze dessen, was verwirklicht ist, und dessen, was im Entstehen ist. Nicht nur die Aktivität erreicht dann etwas wie einen ganz stillen Paroxismus, der sie weit macht, entsprechend dem großen Werk, an dem sie mitarbeitet, sondern auch der Geist beherrscht ein ganz klein wenig den totalen Marsch der menschlichen Masse, in dem er sich so weniger ertrunken fühlt. In solchen Minuten lebt man im wahrsten Sinne des Wortes ‹kosmisch› – mit einem greifbaren Interesse, das so weit ist wie das Herz» (Teilhard de Chardin, *Entwurf und Entfaltung*, 246 f). Und zwei Tage später schreibt er: «Bei dieser Gelegenheit verdeutlicht sich der Gedanke, von dem ich Dir in meinem letzten Brief erzählte, und wäre meiner Meinung nach wert, daß ich ihn auf einige . . . Seiten festhielte. Ich möchte das Ganze ‹Heimweh nach der Front› betiteln. Das Gefühl ist vorhanden» daran ist kein Zweifel. Ich möchte es kurz beschreiben und einige Gründe dafür angeben. Diese Gründe, scheint mir, lassen sich auf folgendes zurückführen: die Front zieht unüberwindlich an, weil sie *die äußerste Grenze* dessen ist, was gefühlt und was getan werden kann. Man sieht dort nicht nur rund um sich Dinge, die man nirgends sonst erfahren kann – man sieht dort auch in sich eine tiefe Schicht von Klarsichtigkeit zutage streichen, von Energie, von Freiheit, die sich kaum anderswo im gewöhnlichen Leben offenbart – und diese neue Form, die dann die Seele enthüllt, ist die des Individuums, das das quasi-kollektive Leben des Menschen lebt, eine Funktion erfüllend, die weit über der des Individuums steht und dieser neuen Situation ganz bewußt ist. Offenkundig schätzt man die Dinge an der Front nicht mehr gleich ein wie im Hinterland: anders wären das Leben und der Anblick nicht durchzuhalten. –

Dieses Aufsteigen geht nicht ohne Schmerzen vor sich. Aber es ist trotzdem ein Aufsteigen. Und das ist der Grund, warum man trotz allem die Front liebt und warum man nach ihr Heimweh hat» (ebd. 248 f).

Auf dreizehn Druckseiten versucht Teilhard, das anstößige Phänomen zu erklären. Ist die Faszination durch die Front nicht vergleichbar mit der Leidenschaft für das Unbekannte und Neue, die ihn immer erfüllt hat? Günther Schiwy schreibt diesbezüglich: «Er erinnert sich an die langen Reisen in der Kindheit, an die bunten Lichter der Bahnhöfe – und die Schützengräben fließen zusammen zu einem transkontinentalen Schienennetz, das bis ins Unendliche reicht. Er erinnert sich an die Wüstenplateaus im Orient, die bevorzugten Stätten seiner Forschung und Wissenschaft – und der Aisne vor ihm wird zum Nil» (G. Schiwy, Teilhard de Chardin. Sein Leben und seine Zeit, 257). Nun begreift Teilhard sich selber: «Das rätselhafte und lästige ‹Ich›, das hartnäckig die Front liebt, ich erkenne es: es ist das ‹Ich› des Abenteurers und des Erforschers, jenes, das immer bis zu den äußersten Enden der Welt gehen will, um neue und seltene Visionen zu haben und um sagen zu können, daß es ‹en avant› ist» (Teilhard de Chardin, Œuvres 12, 23, eigene Übersetzung). Diese Fronterfahrung bestätigt Teilhard in seiner Überzeugung, zur Avantgarde zu gehören, und trotz vielen Schwierigkeiten wird er bis ans Lebensende nicht mehr daran zweifeln.

Hinter dieser ersten Antwort jedoch findet Teilhard noch einen tieferen Grund für sein Heimweh nach der Front. Es ist die Leidenschaft, welche den Menschen antreibt, sich zu vergrößern und zu erneuern. Was er an der Front erfahren hat, ist nichts anderes als die unvergeßliche Erfahrung einer unermeßlichen Freiheit. An der Front fällt alles Gewohnheitsmäßige weg. Bindungen lösen sich auf, die großen und kleinen Sorgen und Pflichten des Alltags für die Gesundheit, Familie, den Erfolg, die Zukunft, all das hat keine Bedeutung mehr an der Front. Eine Wirklichkeit höherer Ordnung, die «Seele der Front», ergreift den Menschen und erweckt ungeahnte physische und moralische Kräfte.

Doch das Erleben der Front dringt noch tiefer: «Die Luft, die ich einatmete, war nicht nur rein und klar. Sie war auch voll und ernährend... durch all die Erscheinungsweisen der einlullenden Präsenz des Menschlichen, welche die Front erfüllte» (ebd. 235). Angesichts dieser menschlichen Präsenz fühlt sich Teilhard fähig, alles aufzugeben, um sich ganz dieser Anwesenheit hinzugeben. «Endlich konnte ich in die Wirklichkeit eintauchen, ohne Gefahr zu laufen, ihre Tiefe auszuschöpfen. Ich konnte das irdische Leben mit vollen Lungen einatmen, ohne Angst zu haben, die Luft würde mir fehlen» (ebd. 235). So ist die Front nicht nur der Ort der mörderischen Auseinandersetzung, sie ist für Teilhard auch der Ort eines besonders intensiven Lebens, an dem aber nur jene teilhaben, die es wagen, in ihm zu leben. Der Mensch erlebt in solchen Augenblicken eine Umwandlung, eine Art Neugeburt. «Der Mensch der Front handelt im Dienste der ganzen Nation und all dessen, was sich hinter der Nation versteckt. Sein Tun und sein Erleiden werden direkt gebraucht und sind von einem höheren Sein als es das seine ist... Er ist erst an zweiter Stelle er selber. An erster Stelle ist er eine Parzelle des Werkzeuges, das aushöhlt, Element des Bugs, der die Wellen teilt.» Für Teilhard hat der Mensch, der an der Front steht, die klare Einsicht, daß er nicht mehr für sich lebt, daß er von sich selber befreit ist, daß eine andere Sache in ihm lebt. «Ich scheue mich nicht zu sagen, daß diese Entpersönlichung, die den Kampf zu einem höheren Menschsein führt, das letzte Geheimnis ist, das den Eindruck einer ungeahnten Freiheit vermittelt, die der Mensch an der Front nie mehr vergessen wird» (ebd. 237). Wer von der Front zurückkehrt, nachdem er den Angriff überstanden hat, ist ein anderer Mensch, er ist sich selbst ein Fremder geworden.

Daraus ergibt sich für den Menschen der Front der Auftrag für die Zeit nach dem Krieg, für die Zeit des Friedens. Der Krieg hat ein Fenster geöffnet auf die geheimnisvollen Mechanismen und die tiefen Schichten des menschlichen Werdens. Die Menschen der Front sollen wissen, daß die übermenschliche Realität, die sich ihnen offenbart hat, auch nach dem Krieg in der Menschheit anwesend ist. «Und derjenige wird sie wieder erkennen können und sich mit ihr vereinigen, der sich der Arbeit des alltäglichen Lebens nicht mehr egoistisch wie vorher, sondern religiös hingibt, mit dem Bewußtsein, in Gott und für Gott das große Werk der Schöpfung und der Heiligung einer Menschheit zu verfolgen, die vor allem in den Stunden der Krise geboren wird, aber sich nur im Frieden vollenden kann» (ebd. 241).

b) Zusammenfassung

Hätte Teilhard diesen Essay in seiner Klosterzelle verfaßt, fernab von allem Kampfgeschehen, dann müßte man ihn wohl als ein abstoßendes Elaborat ablehnen, als eine unzumutbare Kriegsverherrlichung. Doch hier schreibt einer, der das Kampfgeschehen auf den Schlachtfeldern von Verdun in klarer Bewußtheit miterlebt hat, und er beschreibt die Front so, wie er sie gesehen und erlebt hat. Als persönliches Erlebnis müssen wir das Geschriebene respektieren.

Dazu kommt, daß für Teilhard die Front eindeutig als ein Symbol aufgefaßt wird. Symbole aber, wenn sie lebendig sein sollen, werden nicht gemacht, sondern sie drängen sich auf. Dabei kümmern sie sich wenig um unser ethisches, ästhetisches oder logisches Empfinden. Im Augenblick des Erscheinens sind sie der bestmögliche Ausdruck einer Wirklichkeit, die zum Teil noch unerkannt bleibt.

Es ist vor allem dieser unerkannte Gesichtspunkt, den Teilhard in seinem Essay abzutasten versucht. Der bekannte Aspekt, die mörderische Zerstörungslinie, wird zwar von ihm gesehen, doch sie berührt ihn wenig – fast möchte ich sagen – erschreckend wenig. Dieses Unbekannte ist das ganz Andere, das Große, das jenseits aller Alltäglichkeit Liegende. Überall ist es gegenwärtig und doch nirgends zu fassen. Es braucht Mut und Leidenschaft, um es ahnend anzugehen. Doch es lohnt sich, dieses Unbekannte anzugehen, denn die wahre Befreiung, der wahre Frieden liegt irgendwo vorne, jenseits der Front.

So schließt Teilhard seinen Essay mit der Bemerkung: «Die Nacht senkte sich nun gänzlich auf dem Chemin des Dames. Ich stand auf, um in den Unterstand zurückzugehen. Und siehe, als ich mich umwandte, um ein letztes Mal die heilige Linie zu sehen, die heiße und lebendige Linie der Front, erahnte ich – die Erleuchtung einer unvollendeten Intuition –, daß diese Linie die Gestalt einer höheren, sehr erhabenen Sache annahm, die ich unter meinen Augen sich bilden fühlte, aber die zu beherrschen und zu verstehen es eines vollkommeneren Geistes als des meinigen bedurft hätte. Ich dachte dann an diese Umwälzungen von gigantischer Größe, die einst nur die Tiere zu Zeugen hatten. Und es schien mir in diesem Augenblick, als sei ich vor[3] dieser Sache, die im Begriffe war zu entstehen, einem Tier ähnlich, dessen Seele erwacht und das Gruppen verbundener Realitäten sieht, ohne die Einheit, die sie darstellen, begreifen zu können» (Teilhard de Chardin, *Das Herz der Materie* 144, Anmerkung 13). Es gelang Teilhard nicht, das Unbekannte, das er im Symbol der Front erahnte, auszuloten. Doch da es ihn ergriffen hatte, wurde er von ihm weitergetrieben und er hatte Mut genug, dem Ruf der Front zu folgen.

3. Die große Monade

a) Die Ausführung

Teilhard erlebt das Aufgehen des Vollmondes, den er als symbolischen Stern begrüßt. In seine Betrachtung des Mondes vertieft, fühlt er sich um Jahrtausende zurückversetzt, in eine Zeit, als es auf unserem Planeten noch keine Menschen gab. «Nur eine Herde von Wiederkäuern, die nicht denken konnten, beseelten die Einsamkeit – in ihr gab es nichts Stabiles. Doch dann erschienen irgendwo vom Osten kommend, die Menschen. Der Mensch trieb die Wildbeute vor sich her, selber getrieben von Stärkeren. So versuchte die Menschheit die ersten Fäden des Netzes auf die Erde zu knüpfen» (Teilhard de Chardin, Œuvres 12, 265, eigene Übersetzung).

So folgte Welle auf Welle, einander verdrängend und ablösend, bis es gelang, sich gegenseitig zu durchdringen und von der ganzen Erde Besitz zu ergreifen. «Die heutigen Menschen berühren sich überall, überall engen sie sich ein. Dieser ungeordneten Masse steht nur noch eine Aufgabe bevor, die Gesetze des inneren Ausgleichs zu entdecken. Die Menschheit, die im Kampf mit sich selber ist, ist eine Menschheit auf dem Weg zur Verhärtung» (ebd. 266).

Ergriffen von dieser Intuition fragt sich Teilhard, was da wohl im Mondlicht auftaucht. Ist es der Mond oder die Erde, eine vereinte Erde oder eine neue Erde? – Teilhard zögert nicht mit der Antwort, sie drängt sich ihm auf, und wiederum übersieht oder überspielt er das konkrete, individuelle Leiden des Menschen. «Nach jeder Revolution, nach jedem Krieg fand sich die Menschheit immer gefestigter, geeinter, durch bessere Bindungen mit ihrem Organismus verbunden, in der sicheren Erwartung ihrer gemeinsamen Befreiung . . .

Differenzierter nach jeder Krise, aber zugleich im tieferen Sinne eins.» Schon sieht Teilhard die Stunde nahe gekommen, in der die Menschheit sich zu einem Ganzen gruppiert. «Noch eine kurze Zeit, und wir bilden zusammen nur noch einen Block» (ebd. 267).

Diese kommende Einheit erlebt Teilhard am leuchtenden Vollmond, und ein Gefühl, das alle Dinge umfaßt und miteinbezieht, läßt sein Herz erzittern.

Da ist zunächst das Gefühl der Angst, des Schwindels. «Plötzlich bin ich mir bewußt geworden, in welcher Isolation die Herrlichkeit der Menschheit verloren ist» (ebd. 268). Angesichts des einsam leuchtenden Mondes «habe ich das Gefühl gehabt, als ob wir alle, einer am anderen angebunden, im Leeren dahinschaukeln würden». Es war ein ganz anderes Gefühl als die Angst jener, die sich bereit machen, neue Horizonte zu entdecken und sie zu erobern. In ihnen herrscht die Hoffnung. Hier war ein ganz anderes Gefühl. «Ich habe in mir das Gewicht einer endgültigen Isolation gespürt, die Verzweiflung derjenigen, die ihr Gefängnis abgeschritten und nirgends einen Ausweg gefunden haben» (ebd. 269). Der Mensch hat nur noch den Menschen zum Begleiter. Die Menschheit ist allein. Wie eine große Monade leuchtet der Mond, doch um ihn herum ist alles schwarz und leer, er ist restlos allein, so wie die Menschheit mit sich selber allein ist. Doch wird der Mond angezogen und erwärmt durch die ihn begleitenden Planeten, und Teilhard fragt sich, welch befreundetes Denken bis zur einsamen Menschheit vordringen könnte, um ihr die Einsamkeit zu nehmen. Die Menschheit, so meint Teilhard, würde vor diesem Unbekannten niederfallen und es anbeten, und der Hochmut ihrer Macht würde sich besänftigen. Doch noch ist es nicht so weit. Noch herrscht die Angst, im Wissen eingeschlossen zu sein. Teilhard ist beim Betrachten des einsamen Mondes überzeugt, daß eines Tages die ganze Menschheit von dieser Empfindung der Einsamkeit gepeinigt sein wird. Hier liegt der kritische Punkt, und angstvoll fragt er: «O denkende Monade, die du durch die geistige Leere dahinschwebst, beladen mit der Seele aller Völker, welche Kraft hält dich zusammen? Welche Anziehung führt dich und verhindert, daß du stürzest?» (ebd. 271).

Teilhard ist nicht bereit, hier stehenzubleiben. Er malt sich aus, daß die Menschheit einmal verstanden hat, daß sie in sich selber eingeschlossen ist und – um sich zu retten – nur auf sich selber bauen kann. Dann würde sie im Tiefsten ihrer selbst ein unermeßliches Schaudern innerer Liebe spüren. Noch lebt der Mensch «dem Zufall ausgeliefert, ohne sich zu suchen und ohne sich zu lieben... Würde die Notwendigkeit ihn einmal zwingen, seine gegenseitigen Ablehnungen zu überwinden und das Eis, das die Menschen isoliert, aufzutauen, wer weiß dann, welches Wohlergehen und welche Zärtlichkeit aus der harmonisierten Vielfalt auftauchen würde? Erst wenn sich die Menschen einmal ganz allein fühlen, beginnen sie sich zu lieben, es wäre denn, sie würden sich selber zerstören» (ebd. 271 f). Die Folge dieser neuen Liebe wird eine Leistung auf der Ebene der ganzen Menschheit sein. «Nachdem sie lange nur gelebt wurde, begreift die Menschheit eines Tages, daß die Stunde für sie gekommen ist, das Leben selber zu leben, den eigenen Weg selber zu beschreiten» (ebd. 272). Hier verschiebt sich die Symbolik des leuchtenden Mondes etwas. Teilhard befragt den bleichen, eisigen Mond, worin seine Botschaft bestehe. Und er erhält zur Antwort: «Arbeitet... soviel ihr könnt, Menschen, setzt euren ganzen Eifer ein, um die Geheimnisse zu entdecken, um die Schönheit zu schaffen... Was euch am Ende erwartet, euch und eure Werke, ist die Starrheit meiner eigenen abgestorbenen Kruste» (ebd. 274). Teilhard nimmt die Botschaft an: «Der Tag wird kommen, an dem auch die Erde wie ein großer Friedhof, ganz blaß, herumkreisen wird. Nichts wird dann mehr auf ihrer Oberfläche sich bewegen, und sie wird all unsere Knochen in sich bergen.» Doch diese Annahme bedeutet für Teilhard nicht Resignation. Im Gegenteil, dieses scheinbare Scheitern ist für ihn der einzig mögliche Ausweg. «Für die einzelnen Organismen, ob sie dem einzelnen oder der gesamten Menschheit angehören, gibt es folglich nur einen einzigen Ausweg zu einem größeren Leben – dieser Ausweg ist der Tod» (ebd. 275).

Der Tod ist der einzig mögliche Ausweg. Doch nur der wahre Tod. «Der einzig wahre Tod, der gute Tod, ist der Siedepunkt des Lebens. Er wird erreicht durch eine intensive Anstrengung der Lebenden, um mehr zu sein, einiger, mehr der Zone zugeneigt, die seine Grenzen sind.» Begeistert ruft Teilhard aus: «Selig die Welt, die in der Ekstase endet» (ebd. 276).

So ist die Todesbotschaft des bleichen Mondes auch nicht das letzte Wort zur Geschichte der Welt. «Während die Überbleibsel des Lebens langsam zur einzigen Masse zurückkehren, dem endgültigen Behälter der leblosen Materie . . ., befreit sich der Geist von jeder kosmischen Einheit . . . Langsam bringt jeder Geist seine eigene Nuance, seine Eigenart, seine eigene Schau der Erde, auf der er gewachsen ist, mit ein. Die verschiedenen lebendigen Gruppen erreichen das Zentrum, in dem sich ohne Zweifel der geistige Honig zu einer einzigen Sache zusammenschließt.» Nein, die Isolierung ist nicht absolut; sie besteht nur in Beziehung zu den irdischen Organismen, welche zur Zeit unser gemeinsamer Mutterboden sind. «Ein einziger Einfluß beseelt und verbindet alles, was da denkt . . . Ein einziger Zirkel umschließt jeden Geist und hält doch nichts gefangen.» Teilhard ist von dieser Schau hingerissen, und voller Bewunderung ruft er aus: «O wunderbares Zentrum. O unermeßliche Sphäre. O Gott.» (ebd. 277).

b) Zusammenfassung

Die Schrift «Heimweh nach der Front» endete mit Teilhard de Chardins Eingeständnis, daß er etwas Größeres, Unbekanntes ahne, es aber nicht ausdrücken könne. Diese Ahnung ließ ihn nicht mehr los, und sie nahm plötzlich Gestalt an. Symbolhaft wurde in ihm das Geahnte sichtbar. So wie der Mond in dunkler Nacht einsam am Himmel leuchtet, so wird eines Tages die gesamte denkende Menschheit, gleichsam als eine einzige Monade – Teilhard bezeichnet sie später als die Noosphäre – in dunkler Nacht leuchten. Der denkende Menschengeist ist dieses erahnte Größere.

Doch so wie das Mondlicht allein ist, so wird auch der denkende Menschengeist allein sein, allein mit sich selber, und Angst und Verzweiflung werden die Menschen erschüttern.

Die Wärme des leuchtenden Mondes treibt die Phantasie Teilhard de Chardins weiter. Die Verzweiflung wird aufgehoben durch das Bedürfnis, zusammenzustehen. Wie der Mond, der heimliche Begleiter der Liebenden, so wird er auch der Zeuge jener neuen Liebe, welche die ganze Menschheit zusammenschließt und welche die Einsamkeit zu überwinden helfen wird.

Jetzt meldet sich bei Teilhard der Wissenschaftler. Er weiß, daß das warme Licht des Mondes eine Täuschung ist. Der Mond ist tot, kalt. Die Liebe der Menschheit kann nicht das letzte Wort sein, mag sie für eine gewisse Zeit die Einsamkeit auch überspielen. Die leuchtende, große Monade, die mit dem Menschen aufgegangen ist, wird dort enden, wo der Mond schon lange vorher angekommen ist, im Reich des Todes.

Hier scheint sich die große Ahnung Teilhard de Chardins im Nichts aufzulösen. Doch er gibt nicht auf. Mochte die Todesbotschaft auch das letzte Wort des leuchtenden Mondes sein. Für die menschliche Monade, für den menschlichen Geist, ist diese Botschaft nur die Ankündigung eines neuen Ausweges, einer neuen Geburt. Dies ist das wahre Gesicht der Erde, die Ekstase, die Möglichkeit, über sich hinauszugehen. Nur stammelnd wagt Teilhard dieses Neue zu benennen: Wunderbares Zentrum, unermeßliche Sphäre, Gott.

4. Hymne an das Ewig-Weibliche

Am 10. Juni 1917 schrieb Teilhard an seine Cousine: «In einer Nummer (der Etudes) fand ich . . ., daß es eine Übersetzung von Dantes Vita Nuova gibt. Das brachte mir in Erinnerung, daß gerade Dante, der vom Realen so Durchdrungene, so leidenschaftlich Ergriffene, zu den Mystikern gehört, deren Erforschung von meinem Standpunkt aus besonders lohnend wäre. Auf jeden Fall scheint mir Beatrice eines der besten Beispiele dafür zu sein, was die Erweiterung eines Gefühls bis zum Weltall ist, das durch ein besonderes Objekt genährt wird und dieses Objekt gleichzeitig selber ist» (Teilhard de Chardin, *Entwurf und Entfaltung*, 236f). Das Symbol Beatrice ließ Teilhard nicht mehr los. Es wirkte in ihm als Quelle der Inspiration und als Katalysator seines Denkens. Am 25. März 1918 wurde zu Verzy, einem Dorf in der Umgebung von Reims, «Das Ewig-Weibliche» abgeschlossen. Es trägt die geheimnisvolle Widmung an «Beatrix».

Grundzüge

Teilhard widmet seinen Hymnus einer geheimnisvollen Beatrix. Er nennt sie nicht Beatrice wie Dante. H. de Lubac, der diesem Hymnus einen ausgezeichneten Kommentar gewidmet hat, glaubt, daß Teilhard für diese Namensänderung seine guten Gründe hatte. «Denn er ist nicht, wie Dante, bei der Liebe zu einem Mädchen stehengeblieben. Im Gegensatz zu Dante verwandelt sich für ihn nicht eine Einzelperson in ein Symbol (oder wird, als bleibende Einzelperson, gleichzeitig Symbol); wie immer die Interferenzen zwischen der persönlichen Erinnerung Teilhards und der an die Beatrice der göttlichen Komödie beschaffen sein mögen: für ihn geht es um ein universales Prinzip – ‹das Weibliche›. Beatrix ist ‹Das Weibliche›, und das Weibliche ist die ‹Jungfrau›, denn die Jungfrau, ‹die das Weibliche zu zerstören scheint, läßt es wachsen›. Als Mittelpunkt der sich kreuzenden Kräfte und in ruhiger Mächtigkeit inmitten des Sturmes und der ungeordneten Strömungen löst sie das Rätsel des Allgemein-Weiblichen, indem sie die Antwort erteilt auf die Frage: ‹Ist es die Welt oder ist es eine Person, ist es die Materie oder der Geist, was durch die Frau uns anspricht?›» (H. de Lubac, in: Teilhard de Chardins Hymne an das Ewig Weibliche, 30).

Das Weibliche ist für Teilhard das seit Weltbeginn Erschienene und daher Gegenwärtige. Es ist seit je aus Gottes Händen hervorgegangen, «Mitwirkerin seines Werkes». Diese Mitwirkung besteht in der Vereinigung. Eine Kraft, die «verdichtet und den Dingen zu ihrer Mitte verhilft». Es ist wie der Duft, der alles Seiende herbeilockt, um es auf dem Weg der Einigung mitzuziehen. Alles gerät so durch das Weibliche in Bewegung und ordnet sich zueinander. «Zauber, der in die Welt gemischt ist, und schwebendes Ideal», auf daß die Welt emporsteige. Darin sieht Teilhard das Wesen des Weiblichen. (Der Text der Hymne ist zu finden in der Anm. 4.)

Dieses Weibliche erscheint in vielfältiger Gestalt. Anfänglich «wie eine noch schlummernde Seele», die den ursprünglichen Klumpen des Gestaltlosen durchwirkt. Doch dann, mit der Erscheinung des Lebens, nahm das Weibliche immer mehr Gestalt an. Ungewiss und flüchtig zuerst, bildete sich die vertraute Gestalt des Weiblichen klar heraus, die Gestalt der Frau als Gattin und Mutter.

Diese Gestalt schloß alles Vergangene, bisher nur Angedeutete, in sich ein. Daher sagt Teilhard in seiner Hymne: «Ich habe keinen der unteren Antriebe verworfen, welche die aufeinanderfolgenden Phasen meiner Erscheinung bestimmten... Ich habe sie bloß in mich eingeschlossen und sie gezwungen, sich zu einem vermehrten Bewußtsein zu weiten.»

Hier hält Teilhard kurz inne. Die Fülle, die dem Weiblichen entstammt, in der Gestalt der Gattin und Mutter, scheint das Männliche zu erdrücken. Dieses Männliche wird dargestellt im Symbol des Feuers. Wohl bewirkt das Männliche vieles, doch vergißt es zu leicht, «daß unter so vielen verschiedenen Formen die immer gleiche Leidenschaft ihn beseelt... die weibliche Anziehungskraft.»

Erst der Mensch hat das Weibliche erkannt, und zwar an der Verwirrung, in die ihn die Gegenwart des Weiblichen stürzt. Diese Unruhe, welche die Begegnung mit dem Weiblichen bewirkt, erlebt der Mann zuerst in der Begegnung mit der Frau, die ihm gleich ist und die er in seinen Machtbereich einbezieht und sich frei zugesellt. Doch dann wundert er sich über «die Gewaltsamkeit, die sich in ihm entfesselt», wenn er in der Frau dem Weiblichen begegnet. Und er «stellt fest, daß er mit mir nicht auskommen kann, ohne, unvermeidlich, als Diener seines allgemeinen Schöpfungswerkes in Beschlag genommen zu sein». Der Mann glaubt, in der Frau eine Gefährtin zu finden; «und nun merkt er, daß er in mir die große verborgene Kraft angerührt hat... die unter dieser Gestalt auf ihn zutrat, um ihn mitfortzuziehen.» Der Mensch, der das Weibliche ergreift, gibt sich ihm preis, und er wird vom Universum ergriffen, denn «ich bin der Zugang zum gesamthaften Herzen der Schöpfung, die Tür zu Erde».

An diesem Punkt taucht für Teilhard die Ambivalenz des Weiblichen auf. Das Weibliche «kennt das Gute und Böse». Doch gehört das Böse für Teilhard nicht wesenhaft zum

Weiblichen. Erst als der Mensch sich mit dem Weiblichen zusammen in eine geschlossene Welt einsperren wollte, in der Meinung, dort einander genügen zu können, «in eben diesem Augenblick habe ich mich unter seinen Händen zersetzt». Nur in diesem Stehenbleiben-Wollen konnte der Anschein entstehen, das Weibliche wäre «die Verderbnis der Menschheit – die reine Versuchung».

Von seinem Wesen her ist das Weibliche fruchtbar. Fruchtbarkeit aber heißt für Teilhard, hingeneigt auf die Zukunft. Will der Mensch das Weibliche festlegen, versucht er es in seiner fertigen Gestalt zu besitzen, «muß ich ersticken». Das Leben zwingt den Menschen ohne Unterlaß, zu steigen, fortzuschreiten, deswegen «könnt ihr auch nicht an mein erstarrtes Idol anklammern, ohne nach rückwärts verkehrt zu werden; ihr verstofflicht euch, statt zu Göttern zu werden».

Die Möglichkeit des Bösen, die dem Menschen in der Begegnung mit dem Weiblichen bewußt wird, hat dazu geführt, daß der Mensch lange Zeit nicht gewußt hat, ob er dieses Weibliche fürchten, oder ob er es anbeten soll. «Er liebte mich meines Zaubers und meiner Machtstellung wegen; er bebte zurück vor meiner ihm fremden Gewalt und meinen unerklärlichen Berauschungen.» Ja, vielleicht hätte der Mensch «mich endgültig böse gemacht, wäre nicht Christus erschienen».

Mit der Erscheinung Christi beginnt der zweite Teil des Hymnus. Schon im Zitat aus dem Buch der Weisheit: «Et usque ad futurum saeculum non desinam . . .» (In Ewigkeit werde ich nicht versagen) kündet sich das Wesentliche des zweiten Teiles an. Das Kommen Christi hat die Macht und Allgegenwart des Weiblichen nicht abgelöst. Im Gegenteil, «Christus hat mich gerettet. Er hat mich befreit.»

Diese Rettung besteht darin, daß erst jetzt das wahre Wesen, die wahre Wirklichkeit des Weiblichen offenbar wird, und zwar in der Gestalt der Jungfrau. Das Weibliche mußte seine Gestalt verändern, «ohne daß mein früheres Wesen zerstört worden wäre». Denn in der neugeborenen Welt «bin ich weiterhin, wie seit meiner Geburt, der Anruf zur Einigung mit dem All – die Anziehungskraft der Welt... Noch immer verführe ich, aber dem Lichte zu. Noch immer schleife ich hinter mir her; aber zur Freiheit.» Denn Einigung, die Urfunktion des Weiblichen in der Schau Teilhard de Chardins, ist nur «dann wahr, wenn sie vereinfacht und das heißt vergeistigt».

Teilhard besteht darauf, «die Jungfrau ist noch immer Frau und Mutter». Die Botschaft Christi bedeutet nicht das Signal eines Risses. Wer Jesu Ruf vernimmt, darf die Liebe nicht aus dem Herzen verbannen, «deshalb bedarf er immer noch meiner; um meine Fähigkeiten fühlsam zu machen und in seiner Seele die Leidenschaft des Göttlichen zu erwecken... Christus hat mir alle meine Kleinodien belassen. Nur hat er vom Himmel einen Strahl auf mich niedergesandt, der mich, entgrenzt, ins Ideal gerückt hat.»

Diese Entgrenzung besteht vorerst darin, daß im Weiblichen sein neuer Antrieb wirksam wird. «Vor einer Menschheit, die ohne Unterlaß aufsteigt, verlangt mein Auftrag, daß ich mich immer höher entziehe ... wie eine Lockspeise ... beinahe gepackt, niemals festgehalten.» Erst jetzt stellt sich das Weibliche in seiner ganzen Eigentlichkeit heraus. In einem Kosmos, der sich noch längst nicht fertig entwickelt hat, entwickelt sich auch das Weibliche. «Das letzte Aufblühen meines Stempels zu sichern, wird Ruhm und Freude der Keuschheit sein.»

Hier erst offenbart sich das Geheimnis von Beatrix, auf deren Antlitz sich die Träume der Kunst und der Wissenschaft abspiegeln. Alles, was Natur und menschliche Geschicklichkeit hervorgebracht haben und immer noch hervorbringen, entstammt diesem Geheimnis, ist die Frucht des Weiblichen, des Jungfräulichen.

Doch diese neue Gestalt des Weiblichen ist nur über die

Phase der Entstofflichung möglich. Darum muß «derjenige, der mich behalten will, sich mit mir wandeln». Damit ändert sich die Richtung des weiblichen Weges. «Der Strahl wendet sich, man muß ihm folgen», und dieser Strahl geht in Richtung des konvergierenden Geistes. «Bald wird nichts weiter mehr sein als Gott für euch in einem gänzlich verjungfräulichten All. Gott ist es, der euch in mir erwartet.» Das Weibliche, das seit je aus Gottes Händen hervorgegangen ist, hat diesen Gott schon immer angezogen, es hat das Herz Gottes seit je erobert. Nur die Liebe, in der vielfältigen Gestalt des Weiblichen, «ist fähig, das Sein (Gott) zu bewegen». Darum muß Gott, um aus sich herauszutreten, vor sich her einen Pfad der Sehnsucht entwerfen. Er mußte vor seiner Ankunft her einen Duft von Schönheit verbreiten, eben das Weibliche. So wird das Weibliche, und zwar in der Gestalt der Jungfrau, zum Ort der Begegnung zwischen Gott und dem Menschen. Die Kirche, Braut Jesu, und Maria sind für Teilhard dafür das gemeinsame Symbol, womit er in die Fußstapfen der Kirchenväter tritt.

Das Weibliche löst sich aber durch diese Begegnung nicht auf. «Bis in die Brände der göttlichen Berührung hinein werde ich überstehen, ich als Ganze mit meiner gesamten Herkunft . . . ertrunken in der Sonne, die ich an mich heranzog.» So wie das Weibliche als treibende Kraft seit je da war, so wird man ihm immer begegnen. Es ist eine göttliche Kraft, das Ewig-Weibliche. Das Farbenspiel des Ewig-Weiblichen erscheint unauslöslich auf der Oberfläche des Göttlichen.

5. Die geistige Macht der Materie

Am 2. August 1919 kündet Teilhard seiner Cousine in einem Brief die Arbeit an einer weiteren Schrift an. Er schreibt ihr: «Es werden . . . Seiten für Freunde werden. Zumindest werde ich einem Papier das tiefste Wesen dessen anvertraut haben, was ich seit vielen Monaten empfunden habe» (Teilhard de Chardin, *Entwurf und Entfaltung*, 361). Die Tagebuchblätter jener Zeit zeigen sehr eindringlich, wie sehr Teilhard sich mit dem darzustellenden Problem auseinandergesetzt hat. Doch es scheint, daß es sich in diesen vier Monaten eher um das Ringen der Formgebung handelte, als um den darzubietenden Inhalt. Man geht wohl nicht fehl, wenn man die Vision, die Teilhard zu gestalten versucht, in die Zeit versetzt, als er in Ägypten weilte, also um die Jahre 1905–1909. Darauf scheint der Satz Teilhard de Chardins an seine Cousine hinzuweisen: «Die Allegorie ist die Geschichte des Elias: Während sie miteinander sprachen und dahingingen, erschien ein feuriger Wagen mit feurigen Rossen und trennte beide voneinander. Elias stieg im Sturm zum Himmel empor» (ebd. 360f). Das Zitat ist aus dem 2. Buch der Könige 2, 11 entnommen. Das dort berichtete Ereignis spielte sich ebenfalls in der Wüste ab, der Wüste, welcher Teilhard zum erstenmal in Ägypten begegnet ist.

Teilhard beendet seine Schrift in seinem Kloster in Jersey, am 8. August 1919. In einem Brief vom 17. September des gleichen Jahres kam er nochmals auf die kleine Schrift zu sprechen. Er berichtet seiner Cousine, daß er seinen Essay seinem Freund, Pater Vallensin, gezeigt habe. Dieser sei ganz entzückt gewesen und möchte, daß es publiziert würde. Dann fügt Teilhard bei: «Wenn es je durch die Zensur geht, so wünschte ich, daß es ohne Namen erschiene, die Sache ist nicht ein persönlicher Einfall, sondern eher als das Offenbarwerden einer Wahrheit geschrieben worden. Einen Namen darunter zu setzen, hieße nach meiner Meinung, sie vollständig herabsetzen» (ebd. 372f). Diese Bemerkung zeigt mit aller Deutlichkeit, daß die Vision Teilhard ergriffen hat, und daß er sich bewußt ist, nicht ihr Schöpfer zu sein, sondern vielmehr nur Sprachrohr und Formgeber.

a) Die Vision

In dieser Stimmung des Ergriffenseins beginnt Teilhard seine Schrift. «Der Mann ... ging durch die Wüste, als die Sache über ihn hereinbrach» (Teilhard de Chardin. Die geistige Potenz der Materie, in *Das Herz der Materie* 107). Was sich ihm anbietet, war, «von weitem gesehen ganz winzig, nicht größer als eine Kinderhand». Verspielt strich es durch die Einsamkeit der Wüste. «Doch plötzlich festigte die Sache ihren Lauf und kam geradewegs auf sie (die beiden Männer) zu, wie ein Pfeil.» Nun sah er, daß das «kleine Wölkchen lediglich das Zentrum einer unendlich größeren Wirklichkeit war, die unumschrieben, ohne Form und ohne Grenzen vordrang» (ebd. 107). Der Seher fiel zu Boden, er legte die Hände vor sein Gesicht. Ein großes Schweigen entstand. «Und dann, plötzlich, ging ein brennender Atem über seine Stirn, durchbrach die Schranken seiner geschlossenen Lider und drang bis in seine Seele ein.» Eine unwiderstehliche Trunkenheit bemächtigte sich seiner und «zugleich bedrängte ihn die Angst einer übermenschlichen Gefahr». Eine Ahnung tauchte auf, das Empfinden, «daß die über ihn hereingebrochene Kraft zweideutig und trübe sei – die in sich gekoppelte Essenz allen Übels und alles Guten» (ebd. 108).
Nach dieser Begegnung und dem Erleben des Überwältigtseins entwickelte sich ein Dialog. «Ganz am Grunde des Seins, das er ergriffen hatte, murmelte der unendlich sanfte und brutale Sturm des Lebens ... ‹Du hast mich gerufen – hier bin ich›» (ebd. 108). Die Stimme weist darauf hin, daß der zu Boden gestürzte Mann den Sturm braucht, um zu wachsen, daß aber auch der Sturm seiner bedarf: «Du bedurftest meiner, um zu wachsen; und ich erwartete dich, damit du mich heiligest.» Die Begegnung ist unwiderruflich: «Wer mich einmal gesehen hat, kann mich nicht mehr vergessen: er verdammt sich mit mir, oder er rettet mich mit sich» (ebd. 109).

Auf die Aufforderung, mitzukommen, will der Seher zuerst den Namen erfahren. Die Antwort ist vieldeutig: «Ich bin das Feuer, das brennt, und das Wasser, das umstürzt, die Liebe, die einweiht, und die Wahrheit, die vorübergeht. Alles, was sich aufdrängt, und alles, was erneuert, alles, was entfesselt, und alles, was vereint: Kraft, Erfahrung, Fortschritt – die Materie, das bin ich . . . Die Weisen fürchten mich und verfluchen mich. Sie verachten mich mit Worten, wie eine Bettlerin, eine Hexe oder eine Dirne» (ebd. 109).

Nochmals wird der Seher zum Mitkommen aufgefordert, er soll sich ganz der Inspiration des Geschauten hingeben. «Empfange den zu rettenden Geist der Erde . . . Je nachdem wie man sich hineinbegibt, reißt der Wirbel in die dunklen Tiefen mit, oder er trägt bis in die Azurbläue der Himmel empor» (ebd. 110).

Der Seher fordert die Materie, deren Atem wie ein Zaubertrank eingeschlichen und herausfordernd und feindlich geworden war, auf, zu sagen, was er zu tun habe.

«Wappne deinen Arm, Israel, und kämpfe wagemutig wider mich», erhält er zur Antwort. Der noch auf dem Boden liegende Mann zuckt zusammen, «als habe man ihm die Sporen gegeben. Mit einem Satz richtete er sich auf, das Gesicht wider den Sturm» (ebd. 110). Hatte er eben, «in der Süße der ersten Berührung instinktiv gewünscht, sich in den warmen Atem zu verlieren», so verwandelte sich jetzt die Seligkeit «in einen bitteren Willen mehr zu sein». Der Mann hatte die Feindin und die Erbbeute gewittert, und verglich diese Witterung mit dem Augenblick des Erwachens der Menschheit unter den stärkeren und besser bewaffneten Tieren – ein schmerzhafter Widerhall langen Bemühens, den Weizen zu zähmen und sich des Feuers zu bemächtigen – Angst und Groll angesichts der bösartigen Kraft – das Begehren, zu wissen und zu halten» (ebd. 111).

Zunächst rang er, um nicht mitgerissen zu werden. Doch

dann rang er «aus Freude am Ringen, um zu spüren, daß er stark war». Ringend spürte er seine Kraft wachsen, doch der Sturm wurde ebenfalls stärker, aus ihm ging «ein neuer Ausfluß hervor, der brennend heiß in seine Adern einging... Durch ein gegenseitiges Erwachen ihrer entgegengesetzten Potenzen erhöhte er seine Kraft, um sie zu meistern, und sie offenbarte ihre Schätze, um sie ihm auszuliefern» (ebd. 111).

Mitten im erbitterten Ringen vernahm er die Stimme der Materie: «Härte dich in der Materie, Sohn der Erde, bade dich in ihren brennenden Schichten, denn sie ist die Quelle und die Jugend deines Lebens» (ebd. 111 f) Bis zum letzten Augenblick wird sie dies bleiben, «jung und überfließend, strahlend und neu... für den, der will... Nein, die Reinheit ist nicht in der Absonderung, sondern in einer tieferen Durchdringung des Universums. Sie ist in der Liebe zum unumschriebenen, einzigen Wesen, das alle Dinge von innen durchdringt und durchwirkt... Sie ist in einer keuschen Berührung mit dem, was ‹dasselbe in allen› ist... Bade dich in der Materie, Menschensohn. – Tauche in sie ein, dort, wo sie am gewalttätigsten und am tiefsten ist. Ringe in ihrem Strom und trinke ihre Flut. Sie hat ehedem dein Unbewußtsein gewiegt – sie wird dich bis zu Gott hin tragen» (ebd. 112 f).

Der Seher versucht, nach seinem Begleiter Ausschau zu halten, doch da bemerkt er, «wie hinter ihm durch eine seltsame Metamorphose die Erde floh und wuchs». Die Einzelheiten des Bodens verschwammen. Und doch wuchs die Erde zugleich, denn «dort hinten in der Ferne stieg und stieg unaufhörlich der Kreis des Horizonts empor.» Wie in einer unermeßlichen Schale, deren Ränder sich über ihn zusammenschlossen, sah sich der Seher hineingestellt. In diesem Augenblick wich die anfängliche Kampfesleidenschaft einer «unwiderstehlichen Erleidensleidenschaft» und er entdeckte blitzhaft das *Einzig Notwendige*» (ebd. 113 f).

Dieses «Einzig Notwendige» war die Erkenntnis, daß alles,

auch der Mensch, «nur durch den Teil seiner selbst Wert hat, der in das Universum eingeht». In einer unbarmherzigen Klarheit sah er «die lächerliche Anmaßung der Menschen, die Welt regeln zu wollen – ihr *ihre* Dogmen, ihre Masse und ihre Konventionen auferlegen zu wollen» (ebd. 114). Es erschien ihm lächerlich, unwirklich, «im Vergleich zu der majestätischen, von Energie überströmenden Wirklichkeit, die sich ihm offenbarte, universell in ihrer Gegenwart – unveränderlich in ihrer Wahrheit – unbarmherzig in ihrer Entwicklung – unabänderlich in ihrer Gelassenheit – mütterlich und sicher in ihrem Schutz» (ebd. 114). Damit hatte er einen Standpunkt und eine Zuflucht gefunden, die außerhalb seines Ichs und außerhalb jeglicher Gesellschaftsform lag. Wie ein schwerer Mantel glitt das Gewicht dessen herab, «was falsch, eng, *künstlich, menschlich* in der Menschheit ist» (ebd. 115). Eine Woge des Triumphes erfüllte die Seele des Visionärs. «Und er spürte, daß von nun an nichts mehr auf der Welt sein Herz von der höheren Wirklichkeit lösen könnte, die sich ihm zeigte – nichts; weder die Menschen in dem, was sie an Sich-Eindrängendem und Individuellem haben ... noch der Himmel und die Erde in ihrer Höhe, ihrer Breite, ihrer Tiefe, ihrer Macht.» Und er fühlte, daß es ihm nicht mehr möglich sein würde, Mensch zu sein, «*es sei denn auf einer anderen Ebene*». Von nun an, das wußte er, würde er mitten unter den Menschen ein Fremdling sein. «Weil die Materie ... ihm ihre glorreiche Einheit entdeckt hatte, war nunmehr zwischen den anderen und ihm ein Chaos. – Weil sie sein Herz für immer von dem gelöst hatte, was örtlich, individuell, bruchstückhaft ist, würde sie allein, in ihrer Totalität, von nun an für ihn sein Vater, seine Mutter, seine Familie, sein Geschlecht, seine einzige und brennende Leidenschaft sein» (ebd. 115). Entschlossen wandte der Seher die Augen von der Erde, und mit einem überfließenden Glauben gab er sich «dem Atem hin, der das Universum mitriß.» In dieser Hingabe wurde die blinde und wilde Unermeßlichkeit der Horizonte, die sich vor ihm öffneten, «ausdrucksvoll, personal. – Ihre gestaltlosen Schichten falteten sich nach den Zügen eines unsagbaren Antlitzes». Wohin er auch schaute, «überall zeichnete sich ein Sein ab, anziehend wie eine Seele, greifbar wie ein Leib, weit wie der Himmel – ein in die Dinge ebenso vermengtes wie von ihnen unterschiedenes Sein – höher als ihre Substanz, mit der es sich schmückte, und doch nahm es in ihnen Gestalt an» (ebd. 116). Das Schlüsselwort der geheimnisvollen Begegnung war für immer entdeckt: «*Nichts ist kostbarer als das, was du in den anderen bist und die anderen in dir. Oben ist alles nur eins. Oben ist alles nur eins.*»(ebd. 110).

b) Zusammenfassung

Die Vision Teilhard de Chardins wickelt sich in drei Phasen ab: Die Phase der Begegnung, der Auseinandersetzung und der Aussöhnung.

Die Phase der *Begegnung* beschreibt Teilhard als die Begegnung mit etwas, das vorerst sehr klein ist, nicht größer als eine Kinderhand. Dann als eine unendlich größere Wirklichkeit, die unumschrieben, ohne Form und ohne Grenzen vordringt. Und dann als ein brennender Atem, der in sein Innerstes eindringt. Höhepunkt der Begegnung ist die Enthüllung der intensiv erlebten Wirklichkeit. Diese Enthüllung kann Teilhard nur in sich widersprechenden Bildern umschreiben: Brennendes Feuer, zerstörendes Wasser, aufdeckende Liebe und vorübergehende, nie in Besitz zu nehmende Wahrheit. Zu ihr gehört all das, was sich dem Menschen von außen aufdrängt, was des Menschen Herzen entfesselt und was zur Vereinigung führt. Die erlebte Wirklichkeit ist Kraft, Erfahrung, Fortschritt, ihr Name ist Materie. Es ist jene Wirklichkeit, aus der der Mensch sein Leben schöpft, in all seinen vielfältigen Formen. Es ist aber auch jene Wirklichkeit, die der Mensch immer wieder verwirft, abtut, verachtet, als wäre sie eine Bettlerin, eine Hexe oder gar eine Dirne. Das Faszinierende dieser Begegnung ist nicht zu überhören, ebensowenig das ambivalente Doppelgesicht des ihm Begegnenden, sein strahlendes Licht, das eine selige Trunkenheit bewirkt, und seine undurchdringliche Dunkelheit, die beängstigend ist. Diese Begegnung muß daher als «*religiös*» bezeichnet werden, wenn Religion, im Sinne von Paul Tillich, als das verstanden wird, «was uns unbedingt angeht», als «Substanz, Grund und Tiefe des menschlichen Geisteslebens» (vgl. P. Tillich, Die verlorene Dimension, 23 f.). Man darf wohl sagen, daß die Faszination dieser Begegnung Teilhard nie mehr losgelassen hat. Hier liegt wohl der tiefste Grund, warum er immer wieder von seiner pantheistischen Seele spricht. «Ich hatte immer eine natürlich pantheistische Seele. Das spürte ich in den unbesiegbaren, angeborenen Neigungen; aber ich wagte nicht, sie frei zu gebrauchen, weil ich sie nicht mit meinem Glauben vereinigen konnte» (vgl. A. Haas, *Teilhard de Chardin-Lexikon*, 2, 233). In einem Brief an seinen Vorgesetzten in Rom vom 12. 10. 1951 schreibt er, sich etwas vorsichtiger ausdrückend: «Vor allem scheint mir, daß Sie mich wohl nehmen müssen, wie ich nun einmal bin – das heißt mit der mir von Geburt anhaftenden Begabung (oder Schwäche), die bewirkt, daß mein geistiges Leben seit meiner Kindheit unaufhörlich von einem eigenartigen tiefen ‹Gefühl› für die organische Wirklichkeit der Welt beherrscht ist ... Im Wissen von dieser Begegnung ... habe ich eine außerordentliche und unerschöpfliche Quelle von innerer Klarheit und Kraft gefunden und eine Atmosphäre, außerhalb derer es mir physisch unmöglich geworden ist, zu atmen, anzubeten, zu glauben. Was man seit dreißig Jahren in meiner Haltung als Unnachgiebigkeit hätte ansehen können oder als Anmaßung, erklärt sich einfach durch die Unfähigkeit, mein begeistertes

Staunen nicht laut zu äußern. Dies ist die psychologische Grundsituation, aus der sich alles übrige ergibt, und die ich ebensowenig ändern kann wie die Zahl meiner Lebensjahre oder die Farbe meiner Augen» (ebd. 1, 97 f).

Die *Auseinandersetzung*, die zweite Phase der Vision, steht unter dem Motto: «Wappne Deinen Arm, Israel, und kämpfe wagemutig wider mich.» Dieses Bild ist dem Alten Testament entnommen. In I. Mos 32, 23-33 wird berichtet, wie Jakob, ins Land seiner Väter zurückkehrend, kurz vor der Begegnung mit seinem Bruder Esau am Fluß Jabbok steht. Es ist Nacht, und Jakob ist allein. «Da rang mit ihm ein Mann, bis die Morgenröte aufstieg. Als der Mann sah, daß er ihm nicht beikommen konnte, schlug er ihn aufs Hüftgelenk, (Jakobs Hüftgelenk renkte sich aus, als er mit ihm rang). Der Unbekannte sagte: Laß mich los, denn die Morgenröte ist aufgestiegen. Aber Jakob entgegnete: Ich lasse nicht los, wenn du mich nicht segnest. Jener fragte: Was ist dein Name? Jakob, antwortete er. Da sprach der Mann: Nicht mehr Jakob wird man dich nennen, sondern Israel (Gottesstreiter), denn mit Gott und Menschen hast du gestritten und hast gewonnen. Nun fragt Jakob: Nenne mir deinen Namen. Jener entgegnete: Was fragst du mich nach meinen Namen? Dann aber segnete er ihn, Jakob gab dem Ort den Namen Penuel (Gottesgesicht) und sagte: Ich habe Gott von Angesicht zu Angesicht gesehen und ich bin doch mit dem Leben davongekommen.» – Wenn Teilhard dieses Bild des Gotteskampfes aufgreift, so tut er das weniger als Exeget, sondern er gebraucht das Bild so, wie er es vorfindet, um mit seiner Hilfe einen anderen Kampf zu beschreiben, der für ihn ebenso großartig, ebenso numinös ist. Es ist der Kampf des menschlichen Geistes um die Herrschaft über das göttliche Universum. Begonnen hat dieser Kampf mit der Bewußtwerdung des Menschen, «im Augenblick des Erwachens des Menschen unter den stärkeren und besser bewaffneten Tieren» (Teilhard de Chardin,

Das Herz der Materie, 111). Diesen Kampf will nun Teilhard aufnehmen und weiterführen, um so in die Reihe der Menschheit aller Zeiten einzutreten. Durch die Phase der Begegnung aufmerksam gemacht, wußte er, daß es sich um nichts Geringeres handelte, als um einen Kampf mit dem Göttlichen, das ihm in der Gestalt der Materie erschienen war. «Durch ein Erwachen ihrer entgegengesetzten Potenzen erhöhte er seine Kraft, um sie zu meistern, und sie offenbarte ihre Schätze, um sie ihm auszuliefern.» Das Lebenswerk Teilhard de Chardins bestand von nun an darin, diese sich anbietenden Schätze im Universum aufzudecken. Die Freude, die er bei diesem Abenteuer empfand, macht es verständlich, warum er den beiden Weltkriegen so wenig empört gegenüberstand. Für ihn waren sie eben auch eine Form des menschlichen Ringens mit der sich ihm widersetzenden Wirklichkeit und daher eine Möglichkeit, ihr die Schätze zu entreißen.

Die Kampfesleidenschaft Teilhard de Chardins weicht in der dritten Phase seiner Vision einer «unwiderstehlichen *Erleidensleidenschaft*» (ebd. 113), und er entdeckt blitzartig das «Einzig Notwendige». Die Unterschiede der ihn umgebenden Wirklichkeiten verschwinden, indem sie in ein größeres Ganzes eingehen. Damit öffnen sich ihm unendliche Horizonte. Alles Unterscheiden, Normieren und dogmatische Katalogisieren erscheint als eine lächerliche Anmaßung, angesichts dieser majestätischen, überströmenden Wirklichkeit. Tastend versucht Teilhard diese neuentdeckte Wirklichkeit zu umschreiben. Sie ist universell in ihrer Gegenwart, überall gegenwärtig – sie ist unveränderlich, im Gegensatz zu jeder formulierten Wahrheit, die so schnell und immer wieder korrigiert werden muß – in ihrer Entwicklung ist sie unbarmherzig, nicht aufhaltbar, mitleidlos weiterdrängend und doch mütterlich und sicher dem Menschen Schutz bietend. Diese Einsicht des Ausgeliefertseins heißt: es annehmen, trotz aller

Kampfesleidenschaft und Kampfesbereitschaft. Das Tun, das mutige Ringen reicht nicht aus. Der Mensch muß auch erleiden können, er muß sich als Teil eines größeren Ganzen zu sehen lernen, bereit sein anzunehmen, daß nichts Kostbareres ist als das, was er in den anderen ist und die anderen in ihm. Annehmen, daß «oben» alles eins ist, trotz aller Unterschiede im Hier und Jetzt. Später wird Teilhard an Stelle von «Oben» lieber von «Vorne» sprechen. Also: Vorne ist alles eins. Dieses Erlebnis der großen Einheit in der Mannigfaltigkeit, die ihn so blitzartig ergriffen hat, macht den Visionär zum Fremdling. Teilhard ist sich bewußt, daß es ihm nicht mehr möglich sein wird, Mensch zu sein, es sei denn auf einer anderen Ebene. Diese erahnte Fremdheit hat ihn das ganze Leben nicht mehr verlassen, und er hat sie – begleitet von depressiven Phasen – freudig zu tragen versucht. Hier liegt, meiner Ansicht nach, eine Erklärung für die oft als zu optimistisch empfundene Weltschau Teilhard de Chardins. Ich habe schon darauf hingewiesen, daß Teilhard oft der Vorwurf gemacht wird, er übersehe die harte, konkrete, schmerzerfüllte Wirklichkeit; vor allem das Böse, das Leiden und den Tod. Ist seine Weltschau, so wird oft gefragt, nicht das Produkt einer ungebührlichen Vereinfachung? Spricht die Wirklichkeit nicht eine ganz andere Sprache? Gewiß, die Frage ist berechtigt und Teilhard hat sie wohl auch vorausgesehen. Doch er hat sich so entschieden, und die Entscheidung ist für ihn unwiderruflich. «Weil sie, die Einheit der Materie, sein Herz für immer von dem gelöst hatte, was örtlich, individuell, bruchstückhaft ist, würde sie allein, in ihrer Totalität, von nun an für ihn sein Vater, seine Mutter, seine Familie, seine Rasse, seine einzige und brennende Leidenschaft sein» (ebd. 115). Die Entscheidung mag befremden, auf Ablehnung stoßen. Doch auf alle Fälle muß sie berücksichtigt werden, wenn man Teilhard de Chardins Weltschau verstehen und dann auch korrigieren will.[5]

Weltschau und Psychologie

Es ist nicht zu bestreiten, daß diese Arbeiten Teilhard de Chardins, die zum großen Teil an der Front entstanden sind, das spätere Werk wesentlich mitgeprägt haben. Darauf weisen die meisten Erklärer der Weltschau Teilhard de Chardins hin. Teilhard selbst scheut sich nicht, in seinem Spätwerk «Das Herz der Materie» darauf zurückzukommen. Da nun aber diese Arbeiten aus der Kriegszeit vor allem subjektiv geprägt sind, ist es verständlich, daß auch im Gesamtwerk Teilhard de Chardins der subjektive Aspekt eine äußerst wichtige Rolle spielt.

Gerade aber an diesem subjektiven Aspekt der Weltschau Teilhard de Chardins nehmen manche Kritiker Anstoß. Für sie liegt darin der Beweis, daß diese Weltschau unwissenschaftlich ist, und daß sie deshalb ohne Verlust zur Seite gelegt werden kann. Doch man kann auch anders reagieren: in dem man nämlich diesen subjektiven Aspekt bewußt akzeptiert und sich fragt, was dies – psychologisch gesehen – zu bedeuten habe. Ich möchte hier diesen Weg beschreiten. Ein Aufsatz C. G. Jungs scheint mir dazu eine ausgezeichnete Hilfe zu sein.

1. Tiefenpsychologie und Weltanschauung

Das Wort «Weltanschauung hat, wie Jung betont, eine eigentümliche psychologische Beschaffenheit, «es drückt nämlich nicht nur einen Begriff von Welt . . . sondern zugleich auch die

Art und Weise aus, wie einer die Welt anschaut» (C. G. Jung, *GW. 8*, 409). So beinhaltet jede Weltanschauung oder Weltschau zugleich eine persönliche, subjektive Einstellung zur Welt. Die Einstellung aber ist, wie Jung bemerkt, «ein psychologischer Begriff, welcher eine auf ein Ziel oder durch eine sogenannte Obervorstellung orientierte besondere Anordnung der psychischen Inhalte bezeichnet» (ebd. 409). Diese Obervorstellung ist «eine allgemeine Idee, die durch umfangreiche Materialien, wie Erfahrungen, Grundsätze, Affekte und dergleichen unterstützt und begründet ist» (ebd. 410).

Worin liegt nun aber die Funktion einer Weltanschauung? Darauf geht Jung in seinem Vortrag näher ein, indem er die Frage stellt: Warum eine Weltanschauung? Dazu meint er, man könnte genausogut fragen: Wozu eigentlich ein Bewußtsein? Denn Weltanschauung ist für Jung «nichts als ein erweitertes oder vertieftes Bewußtsein». Bewußtsein aber gibt es, weil es ohne Bewußtsein weniger gut geht. «Darum offenbar hat sich Mutter Natur herbeigelassen, diese merkwürdigste Schöpfung unter all den unerhörten Naturkuriosa, das Bewußtsein, hervorzubringen» (ebd. 412). Hier liegt für Jung die Bedeutung einer Weltanschauung: Ohne sie geht es weniger gut, dank ihr findet sich der Mensch in seiner Welt eher zurecht. Doch nicht nur dies, dank des Bildes, das der Mensch von der Welt erschafft, verändert er auch sich selbst. So sagt Jung: «Es ist nicht gleichgültig, ob und was für eine Weltanschauung man besitzt, denn wir erschaffen nicht nur ein Weltbild, sondern rückwirkend verändert es auch uns» (ebd. 413).

Jung geht in seinem Vortrag auch auf den Vorwurf ein, daß jede Weltanschauung unwissenschaftlich sei und daher besser nicht vorhanden wäre. Dazu sagt er: «So gibt es viele Wissenschaftler, die es vermeiden, eine Weltanschauung zu haben, weil dies angeblich nicht wissenschaftlich ist. Es ist diesen Leuten aber offenbar nicht ganz klar, was sie eigentlich damit tun. Was nämlich in Wirklichkeit geschieht, ist, daß sie sich selber absichtlich über ihre leitenden Ideen im Dunkeln lassen, sich mit anderen Worten auf einer tieferen, primitiveren Bewußtseinsstufe halten, als ihrer Bewußtseinsfähigkeit entspräche. Eine gewisse Kritik und Skepsis ist keineswegs immer der Ausdruck von Intelligenz, sondern eher vom Gegenteil, besonders dann, wenn man Skepsis vorschützt, um den Mangel an Weltanschauung zu bemänteln. Nicht selten fehlt es mehr an moralischem Mut als an Intelligenz. Denn man kann die Welt nicht sehen, ohne sich, und dazu bedarf es keines geringen Mutes. Daher ist es immer fatal, keine Weltanschauung zu haben» (ebd. 413). Sicher ist so keineswegs die Wissenschaftlichkeit einer Weltanschauung bewiesen. Sie bleibt eine Hypothese, eine zu begründende Möglichkeit, die Wirklichkeit zu sehen und in ein Ganzes einzuordnen. Als Hypothese aber bleibt die Weltanschauung notwendigerweise ergänzbar und, wenn die Phänomene es erfordern, ersetzbar. Ausdrücklich weist Jung auf diese Austauschbarkeit hin, wenn er sagt: «Das Bild der Welt kann sich jederzeit verändern... Jede neue Entdeckung, jeder neue Gedanke kann der Welt ein neues Gesicht aufsetzen. Das will berücksichtigt sein, sonst leben wir plötzlich in einer antiquierten Welt, selbst ein altmodisches Überbleibsel tieferer Bewußtseinsstufen. Jeder wird einmal erledigt sein, aber im Interesse des Lebendigseins liegt es, diesen Moment so lange wie möglich hinauszuschieben, und das kann nur dann gelingen, wenn wir das Weltbild nie erstarren lassen, sondern jeden neuen Gedanken darauf prüfen, ob er unserem Weltbild etwas hinzufügt oder nicht» (ebd. 414).

Nachdem Jung auf die Funktion und die Bedeutung der Weltanschauung hingewiesen hat, kommt er auf den Ursprung aller Weltanschauungen zu sprechen. Dieser Ursprung liegt für ihn im Unbewußten. Denn «das Unbewußte ist nicht bloß Rezeptakel, sondern geradezu die Mutter derjenigen Dinge, welche das Bewußtsein los sein möchte... das Unbewußte produziert auch schöpferisch neue Inhalte.» Und weiter sagt er: «Alles, was der menschliche Geist je schuf, ist aus Inhalten hervorgegangen, welche in letzter Linie unbewußte Keime waren.» Jung wird nicht müde, diesen schöpferischen Aspekt des Unbewußten hervorzuheben. In seiner Sicht erscheint es «als die Gesamtheit aller in statu nascendi begriffenen seelischen Inhalte» (ebd. 415). Vielleicht wird das Unbewußte am besten verstanden, «wenn wir es als ein natürliches Organ mit einer ihm spezifischen produktiven Energie auffassen» (ebd. 416). In dieser Erkenntnis liegt der wesentliche Beitrag, den die analytische Psychologie C. G. Jungs zum Problem der Weltanschauung anzubieten hat. Es ist «die Erkenntnis, daß unbewußte Inhalte existieren, welche unleugbare Forderungen erheben oder Einflüsse ausstrahlen, mit denen sich das Bewußtsein nolens volens auseinanderzusetzen hat» (ebd. 422).

2. Der unbewußte Ursprung der Weltsicht Teilhards

Diese Ausführungen C. G. Jungs ermöglichen uns eine bessere Bewertung der Weltschau Teilhard de Chardins. Schon die Tatsache, daß es sich in den Schriften aus der Zeit des ersten Weltkrieges vor allem um verarbeitete Visionen und Hymnen handelt, weist uns auf einen unbewußten Ursprung seiner Weltschau hin. Visionen sind psychische Gebilde, in denen dem Bewußtsein Inhalte des Unbewußten angeboten werden. Wenn das Bewußtsein diese Inhalte übernimmt, werden sie zu Obervorstellungen oder leitenden Ideen der jeweiligen Weltschau. Die Tagebücher aus jener Zeit zeigen eindrücklich, wie intensiv Teilhard versucht hat, diese Inhalte aus dem Unbewußten mit den Inhalten seines christlich geprägten Bewußtseins in Einklang zu bringen. Die späteren

Tagebücher sind leider noch nicht publiziert, doch Teilhard de Chardins veröffentlichte Schriften zeigen, wie sehr er auch nach dem Krieg versucht hat, die Inhalte aus dem Unbewußten mit den Ergebnissen der Naturwissenschaft zu konfrontieren. Inwiefern sie mit den Fakten der Natur übereinstimmen, soll hier nicht untersucht werden. Es geht hier vor allem darum, die Inhalte des Unbewußten, welche die Obervorstellungen der Weltschau Teilhard de Chardins bilden, psychologisch zu erfassen.

Teilhard war überzeugt, daß seine Schau der Welt eine Hilfe für den Menschen von heute bedeuten könne. Dies weist auf die Aussage Jungs, daß es eine Weltanschauung gebe, weil es sich mit ihr besser leben lasse. Immer wieder kommt Teilhard auf diese Bedeutung seiner Weltschau zu sprechen. Diese seine persönliche Überzeugung mag vielen überheblich erscheinen; doch wie immer wir sie auch beurteilen, es ist die Erklärung, warum Teilhard, trotz allen Schwierigkeiten, nicht resigniert hat. Die Inhalte des Unbewußten hatten ihn ergriffen, und er sah seine wichtigste Aufgabe darin, die Schau, als Ergriffener, weiterzugeben. Denn, «wenn Sehen wirklich höheres Sein ist, so laßt uns den Menschen betrachten, und unser Leben wird reicher sein. Dazu jedoch müssen wir unsere Augen richtig einstellen... Gelingt uns diese Schau, dann rückt der Mensch mühelos auf den von uns angekündigten Platz im Mittelpunkt: als gegenwärtiger Gipfel einer Anthropogenese, die selbst Krönung einer Kosmogenese ist» (Teilhard de Chardin, *Der Mensch im Kosmos*, 19f).

Es ist nicht zu bestreiten, die Weltschau Teilhard de Chardins hat auf ihn rückgewirkt. Sie hat ihn geprägt. So bewahrheitet sich bei ihm das, worauf C. G. Jung in seinem Vortrag hinwies: «Wir erschaffen nicht nur ein Weltbild, sondern rückwirkend verändert es auch uns» (C. G. Jung, GW. 8, 413).

Die Inhalte des Unbewußten, die archetypische Wirklichkeit

Um meiner Aufgabe nachzukommen, die Inhalte des Unbewußten, welche die Obervorstellungen der Weltschau Teilhard de Chardins bilden, psychologisch zu erfassen, ist es notwendig, näher auf die Struktur des Unbewußten einzugehen. Ohne Zweifel ist es ein großes Verdienst C. G. Jungs, dargestellt zu haben, daß das Unbewußte nicht nur Behälter vergessener und verdrängter psychischer Inhalte ist, sondern daß das Unbewußte auch schöpferisch neue Inhalte produziert. Wie wir schon gesehen haben, erscheint ihm das Unbewußte «als die Gesamtheit aller in statu nascendi begriffenen seelischen Inhalte» (C. G. Jung, *GW. 8*, 415). Für diesen schöpferischen Aspekt des Unbewußten benützt Jung den von ihm geprägten Begriff des «*kollektiven Unbewußten*».

Die Inhalte dieses kollektiven Unbewußten bezeichnet Jung als die *Archetypen*.[6] Es sind dies die erfahrbaren und erkennbaren Phänomene des kollektiven Unbewußten. Ein großer Teil der Arbeit Jungs galt der Erforschung und Beschreibung dieser archetypischen Phänomene, die auf eine archetypische Struktur der Psyche hinweisen. Verständlicherweise hat sich dabei seine Ansicht über die Archetypen erst nach und nach präzisiert, war er doch gezwungen, zum großen Teil Neuland zu erforschen. In der endgültigen Fassung Jungs lassen sich drei Aspekte unterscheiden.

1. Der Archetypus an sich

Im oben zitierten Vortrag über «Analytische Psychologie und Weltanschauung» weist Jung darauf hin, daß man «die archetypischen Vorstellungen, die das Unbewußte vermittelt..., nicht mit dem Archetypus an sich verwechseln» darf (ebd. 244). Diese Unterscheidung ist unbedingt zu beachten. Ebenso wichtig ist, daß der Archetypus an sich ebensowenig beschrieben werden kann wie das An-Sich der Psyche. Es läßt sich nur negativ feststellen, daß der Archetypus an sich weder mit dem Bild identisch ist, durch das er sich dem Bewußtsein zeigt, noch daß er von seinem mutmaßlichen Ort, dem kollektiven Unbewußten, objektiv-kausal abgeleitet werden kann. Der Archetypus an sich ist nur aufgrund dieser doppelten Negation definierbar. Daher bezeichnet Jung den Archetypus an sich als «eine hypothetische, unanschauliche Vorlage» (C. G. Jung, *GW,* 9/1, 15, Anm. 8). Und an einer anderen Stelle schreibt er: Der Archetypus an sich «deutet das Vorhandensein bestimmter Formen in der Psyche an, die allgegenwärtig oder überall verbreitet sind» (ebd. 95). Ein anderes Mal spricht Jung vom Archetypus an sich als von einer «facultas praeformandi» (eine Fähigkeit zur Formgebung) (ebd. 95).

Dieser Ausdruck und der Ausdruck «Vorlage» dürfen aber nicht etwa so verstanden werden, als würde das Mögliche des Archetypus an sich als «reine» Möglichkeit aufgefaßt, im Sinne der aristotelisch-thomistischen Philosophie. Dies hieße Jung mißverstehen, denn so aufgefaßt, wäre der Archetypus an sich ein philosophischer Begriff, etwas durchaus Abstraktes. In der unbewußten Gesamtheit der Psyche gibt es aber keine Abstraktionen, sondern nur verschiedene Weisen realer psychischer Energetik. Daher ist durch den Archetypus an sich nicht die Möglichkeit irgendwelcher Vorstellungsformen gemeint, sondern die Möglichkeit einer je zugehörigen Vorstellungsform. Mit anderen Worten, das, was vom Archetypus an sich jeweils vorgestellt wird, ist von ihm bereitgestellt, disponiert, ja, in gewissem Sinne sogar von ihm determiniert. So drückt vielleicht der Begriff der «Strukturdominanten der Psyche», wie Jung schreibt, das Wesen des Archetypus an sich am deutlichsten aus, auch wenn er ihn damit nicht definiert (C. G. Jung, *GW. 11*, 163, Anm. 2).

2. Gestaltungen des Archetypus

Solange der Archetypus noch ganz im kollektiven Unbewußten ruht, gehört er nicht dem psychischen, sondern nur dem «psychoiden», psycheähnlichen Bereich des Individuums an. Jung schreibt in «Theoretische Überlegungen zum Wesen des Psychischen»: «Der Archetypus an sich ist ein psychoider Faktor... Man muß sich stets bewußt bleiben, daß das, was wir mit ‹Archetypus› meinen, an sich unanschaulich ist, aber Wirkungen hat, welche Veranschaulichungen... ermöglichen.» Diese Veranschaulichungen sind gleichsam «Variationen über ein Grundthema» (C. G. Jung, *GW. 8*, 244). Erst in der Gestaltung, in der Veranschaulichung wird der Archetypus für das Verstehen faßbar, denn in der Gestaltung schließt sich der Archetypus dem Bewußtsein an.

Nach Jung ist dreierlei für die Gestaltung des Archetypus wesentlich: Die Phantasietätigkeit, der archaische Charakter und die ursprüngliche Wertneutralität.

a) Die Phantasietätigkeit der archetypischen Gestaltung

Betrachten wir archetypische Gestaltungen aus der Menschheitsgeschichte, dann stellen wir fest, daß sie sich nicht zureichend als einfache Abbildungen äußerer Objekte im Bewußtsein erklären lassen. Es stimmt zwar, daß diese archetypischen Gestaltungen bildhaft im Bewußtsein auftreten, denn anders als bildhaft ist dem Menschen nichts erfahr- und erkennbar. Doch im Unterschied zu bloßen Abbildungen von objektiv Gegebenem sind die archetypischen Gestaltungen nur zum Teil auf äußere Wahrnehmungen bezogen. Im wesentlichen sind sie ein schöpferisches Produkt, das der Tätigkeit des Unbewußten entstammt. Nur so erklärt sich die Mächtigkeit der archetypischen Gestaltungen, die diejenige des Ich-Bewußtseins-Feldes weit übersteigt.

Jung bezeichnet diese archetypischen Gestaltungen auch als «Phantasiebilder» (C. G. Jung, *GW.6*, 451). Dabei unterscheidet er formal eine aktive und eine passive Phantasie. Nach ihm beruht die aktive Phantasie auf einer wartend-intuitiven, das heißt auf einer auf Wahrnehmung unbewußter Inhalte gerichteten «Geneigtheit der bewußten Einstellung». Die passive Phantasie hingegen ereignet sich als unvorbereitete «Irruption unbewußter Inhalte ins Bewußtsein» (ebd. 494). Sie bewirkt vor allem das unerschütterliche Ergriffensein des Betroffenen.

b) Der archaische Charakter der archetypischen Gestaltungen

Für solche archetypischen Gestaltungen tauchen in den Schriften C. G. Jungs immer wieder bestimmte Ausdrücke auf. So zum Beispiel: Nachtmeerfahrt, Schatzsuche, Wiedergeburtsvorgänge, Dämonenkämpfe, Stationen eines Heldenlebens oder Opferbegehungen und Gebetsrituale. All diese Gestaltungen enthalten archaisch-mythologische Elemente. Doch muß hier bemerkt werden, daß solche archetypischen Gestaltungen nicht nur in visuellen Bildern zum Ausdruck kommen. Sie erscheinen auch in Gestalt spontaner Schöpfungen, in tänzerischen Figuren, in Kultus, Ritus und Spiel. Daraus könnte die Vermutung entstehen, daß es die archaischen Gestaltungen sind, welche den archetypischen Wert einer Vorstellung ausmachen. Jedoch wäre diese Vermutung ein Irrtum. Ob eine Bewußtseinsvorstellung archetypische Wirklichkeit besitzt oder nicht, entscheidet sich nicht an der besonderen Bildgestalt, sondern an seiner psychischen Energie- und Wertintensität, die mit der Bewußtseinsvorstellung verbunden ist. In seiner Arbeit über «Die Energetik der Seele» hat C. G. Jung deutlich gemacht, daß er das Psychische nicht materialistisch, inhaltlich angeht, sondern konsequent energetisch. Sein Erfahrungsmaterial belegt zur Genüge, daß den archetypischen Gestaltungen kein materieller, inhaltlicher, sondern einzig ein psychologischer Wert eigen ist. So ist der Satz zu verstehen: «Wenn schon in der Regel dem Bild kein Wirklichkeitswert zukommt, so kann ihm doch unter Umständen eine um so größere Bedeutung für das seelische Erleben anhaften, d. h. ein großer psychologischer Wert, welcher eine ‹innere› Wirklichkeit darstellt, die gegebenenfalls die Bedeutung der ‹äußeren› Wirklichkeit überwiegt» (C. G. Jung, *GW*. 6, 452). Nur die energetische Betrachtungsweise ist daher das Fundament, aus dem verstanden werden kann, was es bedeutet, daß C. G. Jung die archetypischen Gestaltungen als archaisch charakterisiert. Nicht bestimmte archaische Motive also sind es, die an sich schon archetypische, psychische Energie bergen, sondern im Gegenteil: Psychische Energie, die aus dem Unbewußten stammt, schließt sich derart im Bewußtsein an, daß archaisch-mythologische Motive zum Verstehen kommen.

c) Die ethische Wertneutralität der archetypischen Gestaltungen

Die archetypischen Gestaltungen sind als solche wertmäßig und ethisch neutral. Erst im Anschluß an das Bewußtsein und an eine bestimmte Orientierung oder Obervorstellung des Bewußtseins läßt sich ausmachen, ob ihre Bedeutung positiv-günstiger oder negativ-ungünstiger Natur ist. Grundsätzlich bergen die archetypischen Gestaltungen immer beide Möglichkeiten ungeschieden in sich. So kann Jung schreiben: «Wie alle Archetypen einen positiven, günstigen, hellen, nach oben weisenden Charakter haben, so auch einen nach unten weisenden, teils negativen und ungünstigen, teils bloß chthonischen, aber im weiteren neutralen Aspekt» (C. G. Jung, *GW. 9/1*, 242). Und an einer anderen Stelle schreibt er: «Der Inhalt des kollektiven Unbewußten, die Archetypen . . . sind immer bipolar, das heißt, sie haben eine positive und eine negative Seite» (C. G. Jung, *GW. 10*, 240).

Aus der Beschreibung der drei Aspekte der archetypischen Gestaltung ist ersichtlich, daß die Archetypen eine komplexe Größe sind, die sich aus dem Unbewußten *und* dem Bewußtsein zusammensetzt. Diese Feststellung darf aber nicht im Sinne eines Konglomerates von Unbewußtem und Bewußtsein verstanden werden. Es ist «ein in sich einheitliches Produkt, das seinen eigenen, selbständigen Sinn hat . . . Es ist zwar ein Ausdruck unbewußter Inhalte, aber nicht aller Inhalte überhaupt, sondern bloß der momentan konstellierten. Diese Konstellation erfolgt einerseits durch die Eigenständigkeit des Unbewußten, andererseits durch die momentane Bewußtseinslage, welche immer zugleich auch die Aktivität zugehöriger subliminaler Materialien anregt und die nicht zugehörigen hemmt» (C. G. Jung, *GW. 6*, 452). Daraus muß gefolgert werden, daß jede Deutung einer archetypischen Gestaltung nicht viel mehr ist und sein kann, als die

Übersetzung aus einer Bilderwelt in eine andere, denn Unbewußtes und Bewußtsein spielen in ihrer kompensatorisch-
energetischen Beziehung ineinander. Die Wirklichkeit der
archetypischen Gestaltungen selber bleibt jeder Erklärung
unendlich überlegen. Diese Tatsache wird vor allem dort
deutlich, wo archetypische Vorstellungen mit derart faszinie-
render oder numinoser Gewalt auftreten, daß sie Veränderungen der Gesamtsituation der Psyche bewirken. So kann
Jung in Hinblick auf archetypische Vorstellungen von ihrer
«Zeugungskraft» sprechen (ebd. 457). Es ist daher nicht über-
trieben, die archetypischen Gestaltungen als die schöpferischen Zentren des gesamten psychischen Lebens zu bezeichnen.

3. Der Ursprung der archetypischen Wirklichkeit

Da die Gestaltungen der Archetypen die bewußt-unbewußte
Gesamtsituation der Psyche ausdrücken, bestünde theore-
tisch die Möglichkeit, daß ein erworbenes Wissen oder mindestens eine Wissensstruktur die zutage tretenden mythologi-
schen Parallelen bedingt und erklärbar macht. Doch das For-
schungsmaterial C. G. Jungs zeigt, daß eine solche Erklärung
den Tatbeständen nicht gerecht wird. Er vermochte klare
Beweise dafür vorzulegen, daß das Auftreten eines archaisch-
archetypischen Bildes nicht den geringsten Anhalt an
Bewußtsein oder auch am persönlichen Unbewußten des
betreffenden Menschen besitzt. So blieb Jung, unter der
Beweislast seiner Beobachtungen, nur eine einzige sinnvolle
Erklärungsmöglichkeit: Die Archetypen erhellen, daß der
Mensch an einer psychischen Erbmasse teilnimmt. So
schreibt er: «Es ist nun meines Erachtens ein großer Irrtum,
anzunehmen, die Seele des neugeborenen Kindes sei Tabula
rasa in dem Sinne, als ob überhaupt nichts drin sei. Insofern

das Kind mit einem differenzierten, durch Heredität praedeterminierten und darum auch individualisierten Gehirn zur Welt kommt, setzt es auch den von außen kommenden Sinnesreizen nicht irgendwelche Bereitschaften, sondern spezifische gegenüber, was ohne weiteres eine eigentümliche (individuelle) Auswahl und Gestaltung der Apperzeption bedingt. Diese Bereitschaften sind nachweisbar vererbte Instinkte und Präformationen ... Ihr Vorhandensein drückt der Welt des Kindes und des Träumers den anthropomorphen Stempel auf. Sie sind die Archetypen, welche jeder Phantasietätigkeit ihre bestimmte Bahnen anweisen und auf diese Weise in den Phantasiegebilden ... erstaunliche mythologische Parallelen hervorbringen» (C. G. Jung, *GW. 9/1*, 81 f).

Der Text ist bedeutsam, doch bedarf er der sorgfältigen Beachtung. Jung folgert in ihm mit Hilfe der Analogie. Das heißt, ähnlich wie beim Gehirn ist es auch bei der psychischen Struktur, die sich in den Archetypen ausdrückt. Wie die Bahnungen des Gehirns vorgegeben sind, dem Kind also vererbt werden, verhält es sich auch mit den archetypischen Richtlinien, der archetypischen Struktur der Psyche: Sie werden vererbt.

Was bedeutet hier aber Vererbung? – Um diese Frage zu beantworten, ist es vor allem wichtig, die Unterscheidung zwischen dem Archetypus an sich und der archetypischen Gestaltung, wie sie oben dargelegt worden ist, zu beachten. Wenn von Vererbung die Rede ist, dann sicher nicht in bezug auf die archetypischen Gestaltungen. Jung hat dies ausdrücklich betont, und es ist erstaunlich, daß diese Präzisierung so selten zur Kenntnis genommen wird. So fährt Jung im oben zitierten Werk fort: «Es handelt sich also nicht um vererbte Vorstellungen, sondern um vererbte Möglichkeiten von Vorstellungen» (C. G. Jung, *GW. 9/1*, 82), also um den Archetypus an sich. Nur wenn wir diese Unterscheidung klar vollziehen, gilt die Aussage Jungs: «Die ursprünglichen Strukturverhältnisse der Psyche sind eben von der gleichen überraschenden Uniformität wie diejenige des sichtbaren Körpers. Die Archetypen sind etwas wie Organe der prärationalen Psyche. Es sind vererbte, charakteristische Grundstrukturen ohne spezifischen Inhalt zunächst. Der spezifische Inhalt ergibt sich erst im individuellen Leben, wo die persönliche Erfahrung in eben diesen Formen aufgefangen wird» (C. G. Jung, *GW. 11*, 558f).

Nach dieser notwendigen Klarstellung können wir nun versuchen, die wesentliche Frage zu beantworten: Wie und wo werden diese psychischen Organe – oder besser – diese Strukturen vererbt? Auch Jung weiß, daß die Vererbung in irgendeiner Weise auf die menschliche Anatomie, in unserem Fall genauer: auf die Hirnstruktur, bezogen sein muß, wenn die Vererbung nicht einfach eine irreale Erfindung sein soll. Es ist aber andererseits auch einleuchtend, daß eine unmittelbare Verknüpfung der archetypischen Bahnungen mit der Entwicklungsgeschichte des Hirns im Endeffekt zur Wiederholung der Gehirnphysiologie absinkt. Mir scheint, daß Jung beiden Gefahren entgeht, indem er bemerkt: «Die Archetypen sind Bereitschaftssystem ... Sie vererben sich mit der Hirnstruktur, ja, sie sind deren psychischer Aspekt» (C. G. Jung, *GW. 10*, 45). Es liegt nun aber zum Verständnis dieser Aussage alles daran, das Wörtchen «*mit*» nicht zu überhören. Die archetypischen Bereitschaftssysteme werden «mit» der Hirnstruktur vererbt, sie sind nicht die Hirnstruktur, sondern «deren psychischer Aspekt».

Mit dieser Ansicht nähert sich Jung der naturwissenschaftlichen Vorstellung vom «Engramm»-Charakter des Archetypischen; das heißt der Vorstellung von eingezeichneten Niederschlägen des Umwelt- und Selbst-Erlebens der Menschheit in der Hirnstruktur. Niederschläge, die bis in die menschliche Frühzeit zurückreichen. Jung hat diese Vorstellung von R. Semon übernommen. Es ist aber zu beachten, daß Semon die

Engramme ausschließlich naturwissenschaftlich-materialistisch verstanden hat. Ein Verständnis, das Jung nicht übernehmen konnte. Aus diesem Blickwinkel betrachtet, müßten die archetypischen Bereitschaftssyteme nämlich so etwas wie eine «Verdichtung» einander ähnlicher psychischer Vorgänge sein, die mit der Hirnstruktur vererbt werden (vgl. C. G. Jung, *GW.6*, 453f). Jung konnte sich mit diesem Gesichtspunkt nicht begnügen. Seine unzweideutigen Beobachtungen nämlich, daß Archetypen auch völlig selbständig das Umwelt- und Selbsterleben auf schöpferische Weise verändern und gestalten können, zeigte ihm, daß sie, über die wahrzunehmenden Verdichtungen hinaus, unabhängigen Lebensgesetzen folgen. So schreibt Jung: «Wir müssen notgedrungen annehmen, daß die gegebene Hirnstruktur ihr Sosein nicht bloß der Einwirkung von Umweltbedingungen verdankt, sondern ebensowohl auch der eigentümlichen und selbständigen Beschaffenheit des lebenden Stoffes, das heißt also, einem mit dem Leben gegebenem Gesetz ... Demgemäß ist auch das urtümliche Bild einerseits unzweifelhaft auf gewisse sinnfällige und stets sich erneuernde und daher immer wirksame Naturvorgänge zu beziehen, andererseits aber ebenso unzweifelhaft auf gewisse innere Bestimmungen des geistigen Lebens und des Lebens überhaupt» (ebd. 454). Offenbar, so können wir folgern, wird man der archetypischen Struktur nur gerecht, wenn man sie als eine Perspektive der Wirklichkeit als solcher akzeptiert. Daher ist es nicht verwunderlich, wenn Jung annimmt, daß auch in der Tier- und Pflanzenwelt vornehmliche Formen des Archetypus möglich sind.

Aus dem Gesagten wird deutlich, daß die Frage nach dem Ursprung der Archetypen letztlich nicht beantwortet werden kann. Die Frage fällt nämlich zusammen mit der Frage nach dem Ursprung des Lebens selbst, ja, vielleicht sogar mit der Frage nach dem Ursprung der Wirklichkeit schlechthin. So konnte Jung schreiben: «Empirisch gesehen ist ... der Archetypus innerhalb der Reichweite organischen Lebens überhaupt nie entstanden. Er tritt mit dem Leben auf den Plan» (C. G. Jung, *GW. 11*, 162. Anm. 2). Umfassender kann die kosmisch-kollektive Dimension des Unbewußten nicht angedeutet werden.

4. Annäherung an Teilhard de Chardins Weltschau

Die Auffassungen Jungs über die archetypische Wirklichkeit der Psyche ermöglichen, die Bedeutung der Visionen und Hymnen Teilhard de Chardins aufzuhellen. Wie wir gesehen haben, handelt es sich um Inhalte des Unbewußten. Daß es sich um archetypische Inhalte handelt, also um Inhalte des kollektiven Unbewußten, soll nun näher dargelegt werden.
Ob es sich um archetypische Gestalten handelt, kann, nach Jung, aufgrund der *Wertintensität* festgelegt werden. Es ist nun aber kaum zu bestreiten, daß Teilhard von den geschauten Bildern zutiefst ergriffen war. Eine Ergriffenheit, die ihn sagen lassen konnte, daß er von nun an ein anderer Mensch sei. Diese Behauptung ist nur verständlich, wenn wir sie vom archetypischen Konzept her beurteilen; auf der Bewußtseinsebene angesiedelt, wäre sie nichts anderes als Arroganz.
Ein weiterer Hinweis ist die Tatsache, daß Teilhard sein ganzes Leben dem Geschauten treu blieb. Diese Treue ist ihm nicht leicht gemacht worden, denn es war eine Treue Ideen gegenüber, die – zumindest im Verständnis seiner kirchlichen Vorgesetzten – nicht mit der offiziellen kirchlichen Lehrmeinung übereinstimmten. Will man Teilhard nicht einfach als unbotmäßigen Theologen und Ordensmann einstufen, dann ist diese Treue dem Geschauten gegenüber nur verständlich, wenn wir sie als geprägt von der ihn ergreifenden archetypischen Wirklichkeit interpretieren.
Handelt es sich aber um archetypische Inhalte, dann müssen

wir die Motive, die Teilhard in den angeführten Schriften genannt hat, auch in anderen Menschheitsdokumenten vorfinden. Daß dem tatsächlich so ist, werde ich im nächsten Kapitel noch darlegen. Jetzt soll nur bemerkt werden, daß es sich um ähnliche «*Motive*» handelt und nicht um gleiche «*Darstellungen*». Teilhard hat das konstellierte archetypische Material gemäß seiner individuellen Lebensgeschichte gestaltet. Das Herz-Jesu-Bild, die Monstranz, und die Pyxis sind Vorstellungen seiner priesterlichen Existenz, die Front, seine Erfahrungen als Sanitätsgefreiter mitten im ersten Weltkrieg, die Hymne an das ewig Weibliche, fallen zusammen mit seinen ewigen Gelübden. «Die geistige Potenz der Materie» hat wohl ihren Ursprung in der Begegnung mit der Wüste aus der Zeit seines Kairoer Aufenthaltes. Es wäre sinnlos, in bezug auf diese Bilder nach Parallelen Ausschau zu halten. Vielmehr wird es darum gehen müssen, die Strukturdominanten aufzuzeigen, die Teilhard zu diesen Gestaltungen getrieben haben. Ist dieser Unterschied einmal angenommen, dann sind wir nicht mehr überrascht, in anderen Dokumenten auf die gleichen Strukturdominanten zu stoßen, obwohl sie dort ganz anders und in riesiger Vielfalt gestaltet worden sind.

An sich sind, wie wir gesehen haben, die archetypischen Gestaltungen wertneutral. Die Tagebücher Teilhard de Chardins zeigen deutlich, wie sehr er diese Wertneutralität zu spüren bekommen und wie intensiv er ein Leben lang damit gerungen hat. Das Geschaute stand oft zu sehr im Gegensatz zu seinen bewußten Vorstellungen. Vor allem die Begegnung mit dem Stofflichen in seiner überwältigenden Größe, die ihn, wie er selber sagte, vor den Abgrund des Pantheismus führte, stand im krassen Widerspruch zu den übernommenen Vorstellungen des Ordensmannes. Doch Teilhard ist dieser Wertneutralität nicht ausgewichen. Indem er mit der Dunkelheit des Stoffes ein Leben lang gerungen hat, gelang es ihm, das Dunkle mit dem Göttlichen zu vereinen. In diesem Ringen gleicht Teilhard, wie wenig andere, den Alchemisten, die im Stofflichen das Göttliche zu finden hofften, den Lapis (Stein), den puer Philosophorum (das philosophische Kind).

Die archetypischen Strukturdominanten der Visionen Teilhards

1. Die archetypischen Strukturdominanten

In «*Christus und die Materie*» bewegt sich Teilhard noch sehr sicher innerhalb der Glaubensvorstellungen, die ihm überliefert worden waren. Die Herz-Jesu-Verehrung, eine Frömmigkeitsform, die schon seine Mutter ihm beigebracht hatte, wurde in seinem Orden theologisch untermauert, die Lehre vom Mystischen Leib auf die Pater Mersch, ein Mitbruder und Zeitgenosse Teilhard de Chardins, das ganze dogmatische und moralische Lehrgebäude aufzubauen versuchte, vor allem aber die Geistlichen Übungen seines Ordensstifters Ignatius von Loyola, das alles war ihm vorgegeben. Es ist aber nicht zu übersehen, daß dies alles bei Teilhard ganz anders akzentuiert wird. Das Herz Jesu wird für ihn zum Herzen, zum Zentrum des ganzen Universums, alles an sich ziehend und alles durchdringend. In dem Mystischen Leib Christi gliedern sich nicht nur die Gläubigen Christus als dem Haupt ein, sondern das ganze Universum. Diese ungewohnte Akzentuierung erlebt Teihard selbst als neu, und diese Neuheit überwältigt ihn. Sie kann wohl am besten als eine Kosmisierung des Göttlichen und eine Vergöttlichung des Kosmos zusammengefaßt werden.

Teilhard wird wohl das Ungeheuerliche seiner Schau geahnt haben. Diese Ahnung läßt neue Aspekte des Unbewußten erscheinen. Sehr deutlich kommt dies zum Ausdruck in seiner Schrift «*Die Sehnsucht nach der Front*». Die Kampfeslinie wird zum Bild für das eigene innere Erleben: mit all ihrer

Ungeheuerlichkeit und ihrer Zerstörung, doch auch mit ihrer Verheißung von etwas Neuem, etwas Großem. An vorderster Front zu stehen, war genau das, was er selber erlebte als Vergöttlichung des Kosmischen und als Kosmisierung des Göttlichen. Das Geheimnis der Vereinigung so großer Gegensätze wie Gott und Kosmos, Geist und Materie, erschien Teilhard als eine ungeheure Schlacht, deren Ende aber nicht die Zerstörung, sondern, aufgrund seiner ersten Vision, etwas ungeahnt Großes und Neues sein würde. Damit erhielt die Vorstellung der Kosmisierung des Göttlichen und der Vergöttlichung des Kosmischen eine neue Dimension, die Dimension des Zukünftigen.

«*Die große Monade*», eine Schrift, die ein Jahr später geschrieben wurde, greift den Gedanken des als zukünftig Geahnten neu auf. Es ist die große Einheit, die der Mond versinnbilicht. Teilhard nennt sie später die Noosphäre. Sie ist noch im Werden. Deshalb kann sie auch verpaßt werden. Hier taucht bei Teilhard de Chardins Schau das menschliche Phänomen auf. Dank des menschlichen Geistes, eines Geistes, welcher der Erde entsprossen ist, endet die Welt nicht dort, wo der Mond geendet hat, im Verfall. Für den menschlichen Geist ist der Tod ein Übersteigen, eine Ekstase in die als endgültig erahnte Einheit und Ganzheit.

Die Begegnung mit dem menschlichen Phänomen als Teilphänomen der Gesamtwirklichkeit läßt Teilhard nicht mehr los. Deutlich ist dies in seiner «*Hymne an das ewig Weibliche*» zu beobachten. Daß Teilhard dieses Menschliche gerade in der Gestalt des Weiblichen erlebt, ist sicher mitbedingt durch die intensive Begegnung mit seiner Cousine. Der letzte Grund aber scheint mir darin zu liegen, daß er das Menschliche als etwas erlebt hat, das ganz dieser Erde entsprungen ist, mit allen Fasern seines Wesens in ihr verwurzelt bleibt und zugleich weiblicher Schoß neuen Lebens ist. Indem er die Gottesmutter Maria in die Abfolge der verschiedenen weiblichen Gestaltungen hineinnimmt, nähert er das Weibliche dem Göttlichen.

Von da her ist der Schritt zur Schrift «*Die geistige Potenz der Materie*» nicht mehr schwer nachzuvollziehen. Wie wir schon gesehen haben, ist es sehr wahrscheinlich, daß das Erzählte ein echtes Erlebnis zum Ausruck bringt. Die Ausgestaltung des Erlebten gelingt aber erst jetzt, als Summe dessen, was er bis hierher darzustellen versucht hat, die Conjunctio, die Vergöttlichung des Kosmischen und die Kosmisierung des Göttlichen, die große Vereinigung aller Gegensätze.

Ich fasse zusammen: Versuchen wir die verschiedenen tastenden Gestaltungen Teilhard de Chardins zu beleuchten, dann stoßen wir auf folgende Grundstruktur: Das Kosmische, zu dem das Menschliche als Teilphänomen gehört, und das Göttliche, wie es uns in Jesus Christus offenbar geworden ist; beides ist im tiefsten Sinn nur eines. Sicherlich, nicht eine feststehende, konstatierbare Einheit, sondern eine werdende Einheit. Später wird Teilhard in diesem Entwicklungsprozeß deutlicher zwei Phasen unterscheiden. Die Phase der Divergenz, der Differenzierung, des Auseinanderstrebens und die Phase der Konvergenz, der Conjunktion, der Synthese, der Vereinigung. Ziel dieses zweiphasigen Werdeprozesses ist die große Einheit, die Teilhard später mit Hilfe des Symbols vom Christus universalis darzustellen versucht.

2. Der Mythos der Ganzheit

Zu allen Zeiten haben Menschen mit der Vorstellung einer geahnten Ganzheit gelebt. In ihrer Reihe läßt sich Teilhard de Chardins Schau ohne weiteres einordnen. Es ist dabei aber zu beachten, daß es nicht darum geht, aufzuzeigen, daß bei anderen Menschen und anderen Zeiten die gleichen archetypischen *Vorstellungen* festgestellt werden können, sondern

96

nur der gleiche Archetypus, die gleiche archetypische Strukturdominante, die als eine treibende Kraft die verschiedensten, zeit- und kulturbedingten Vorstellungen zur Gestaltung bringen.

Ein kurzer Einblick soll hier versucht werden. Ich unterscheide dabei Ganzheitsvorstellungen, die in die Zeit des Uranfangs angesiedelt werden und solche, die in ferner Zukunft erwartet werden. Beides, der Uranfang und die ferne Zukunft, sind Bilder für eine transzendente Wirklichkeit, die wissenschaftlich nicht aufgedeckt werden kann.

a) Die uranfängliche Ganzheitsvorstellung

In zahlreichen Mythen vom Ursprung der Welt tritt die Gestalt eines riesigen Menschen hervor, der den ganzen Kosmos durchdringt. So ist zum Beispiel in der Edda beschrieben, wie die Götter aus dem Körper des Urriesen Ymir die Welt gestalten. In China galt der Zwerg-Riese P'an Ku als kosmisches Urwesen; wenn er weinte, entstanden die Flüsse, wenn er atmete, der Wind, und als er starb, kamen aus dem Leib die fünf heiligen Berge Chinas, und seine Augen wurden zu Sonne und Mond. Im indischen Rigveda ist ebenfalls beschrieben, wie aus einem Urwesen, welches Purusha (Mann, Person) heißt, die ganze sichtbare und unsichtbare Welt wird. «Wahrlich», so heißt es, «er ist das innere Selbst aller Dinge». Eine entsprechende Figur ist im alten Iran die Figur des Gott-Königs-Gayômart, der in der Urzeit vom Prinzip des Bösen ermordet wurde. Sein Körper zerfiel in die Metalle der Erde, aus seinem Lichtnamen aber wuchs eine Rhabarberstaude, aus der das erste Menschenpaar hervorkam.

Eine für die abendländische Kultur besonders wichtige Ausgestaltung des Urmenschenmythos findet sich in den gnostischen Vorstellungen der ausgehenden Antike. Verschiedene Gnostiker schildern, wie der mit der obersten Gottheit identische Lichtmensch, der Anthropos, zuerst in einem geistigen Jenseits weilt, dann aber in die Materie herabsinkt, um nun tausendfältig aufgesplittert als Lichtfunke oder «gekreuzigte Weltseele» in der Materie verstreut seiner Erlösung zu harren.

b) Zukunftsorientierte Ganzheitsvorstellungen

Sowohl die Fähigkeit in die Vergangenheit zurückzuschauen als auch die Zukunft vorauszusehen, setzt die Fähigkeit eines geschichtlichen Schauens voraus. Dies war vor allem die Fähigkeit des israelitischen Volkes. Israel hat sich das Bild von einer Geschichte erarbeitet, die sich ausschließlich aus der Abfolge von Fakten aufbaute, die Gott zum Heile Israels markiert hat. Es waren vor allem die Propheten, die den geschichtlichen Weg, den Gott mit Israel gegangen ist, viel ernster genommen haben als ihre Zeitgenossen. Darüber hinaus sieht man an den Propheten noch etwas Neues: eine unerhörte Wachsamkeit des Lauschens auf die großen geschichtlichen Bewegungen und Veränderungen ihrer Gegenwart. Ihre gesamte Verkündigung ist charakterisiert durch eine unvergleichliche Beweglichkeit, sich auf neue geschichtliche Phänomene einzustellen, durch eine Biegsamkeit, sich in ihrer Verkündigung immer neu anzupassen.

Aus dieser entschlossenen Hinwendung zur Gegenwart ergibt sich das Charakteristische der Propheten: ihre Hinwendung auf die Zukunft. Das Neue, das sie in gewisser Hinsicht von allen bisherigen Sprechern trennt, ist das Eschatologische. Was die Botschaft der Propheten von der ganzen bisherigen Theologie Israels unterscheidet, ist, daß sie alles für die Existenz Israels Entscheidende von einem kommenden Gottesgeschehen erwarten. Dieses Neue, dessen Kommen sie weissagen, wird sich mehr oder minder in Analogie zu dem bisherigen Heilshandeln Gottes verwirklichen. So sprechen sie von einer neuen Landnahme, von einem neuen David, einem neuen Jerusalem und einem neuen Bund. Dies alles sind Bilder von einer zukünftigen Ganzheit. Es sind archetypische Bilder, auch wenn die Vorstellungen zeit- und ortsbedingt sind.

Das Erbe des Propheten tritt die Apokalyptik an. Ihre zentrale Konzeption ist die Vorstellung vom Weltuntergang. Das Ende kommt mit eherner Notwendigkeit, und nur aus der Gesetzmäßigkeit des Untergangs erwächst die Hoffnung auf eine neue, bessere Welt. Vereinfacht kann man sagen, daß die Botschaft der Propheten eher optimistisch war, während die Apokalyptiker zutiefst pessimistisch geprägt waren.

Das Selbst C. G. Jungs und Teilhards Christus universalis

1. Zwei psychologische Vorbemerkungen

a) Das Symbolverständnis C. G. Jungs

Die Behauptung, daß es sich bei Teilhard de Chardins Christus universalis um ein Symbol handelt, mag bei vielen auf Staunen und Ablehnung stoßen. Ich will damit auch nicht behaupten, daß Teilhard selber seinen Christus universalis als bloßes Symbol verstanden habe. Für ihn war es eine Wirklichkeit, von der er zutiefst ergriffen war. Doch es ist gerade das Ergriffensein, das auf den Symbolcharakter des Christus universalis hinweist. Das Befremden mag wohl darin liegen, daß der Begriff «Symbol» heute auf wenig Verständnis stößt. Die Tatsache aber, daß die Urkirche ihre tiefsten Überzeugungen im «Symbalon» (Glaubensbekenntnis) zusammengefaßt hat, könnte doch ein Hinweis sein, daß es sich bei einem Symbol nicht einfach um leere Phantasieprodukte handelt. Teilhard selber spricht vom Christus universalis als von einer «*hyperphysischen*» Wirklichkeit. Dies zeigt zumindest, daß es sich beim Christus universalis nicht einfach um eine physische Realität handelt, sondern daß es darüber steht. Was ist nun aber mit dem Begriff Symbol hier gemeint?

Jung unterscheidet streng zwischen dem Begriff eines Symbols und dem Begriff eines bloßen Zeichens. Für ihn ist das Symbol «die bestmögliche Bezeichnung oder Formel für einen relativ unbekannten, jedoch als vorhanden erkannten oder geforderten Tatbestand» (C. G. Jung, *GW. 6*, 515). Das Symbol drückt sowohl unbewußte als auch bewußte Wirklichkeit aus. An beiden Wirklichkeiten hat es teil. Gelingt es dem Bewußtsein, jene unbewußte Wirklichkeit, die im Symbol aufklingt, bewußt zu machen, dann ist das Symbol gleichsam tot, überholt. Es erfüllt dann höchstens noch die Rolle eines Zeichens, oder es wird durch ein anderes Symbol ersetzt.

Die Tatsache, daß Symbole unbewußte Inhalte zum Ausdruck bringen, zeigt ihre Bedeutung für den Menschen. Ohne Symbole würde der Mensch verarmen, da er abgeschnitten wäre von der unbewußten Sphäre, die doch der Mutterboden aller Kreativität ist.

Das Gesagte läßt sich leicht bei Teilhard feststellen. Von Hause aus und von seiner klösterlichen Erziehung her war er mit der Welt der Symbole vertraut. Er lebte gleichsam in ihnen und aus ihnen. Die Begegnung mit der Naturwissenschaft, vor allem aber seine Fronterlebnisse, ließen ihn plötzlich eine Wirklichkeit entdecken, die nicht mehr von den überkommenen Symbolen gedeckt werden konnte. Die Tagebücher jener Zeit zeigen deutlich, wie intensiv sich Teilhard mit dieser Spaltung auseinandergesetzt hat. Diese geistige Auseinandersetzung war für ihn die Rettung. Durch sie aktivierte sich nämlich das Unbewußte, es bot ihm Bilder, Symbole an, in denen die Spaltung aufgehoben war, und zwar im doppelten Sinne des Wortes. Teilhard hatte den nicht selbstverständlichen Mut, das Geschaute ernst zu nehmen und sich geistig damit auseinanderzusetzen. Die Frucht dieses Bemühens war die Geburt des Symbols des Christus universalis, in dem die göttliche und kosmische Wirklichkeit als eine Ganzheit aufleuchtete, ohne deswegen schon durchschaut werden zu können.

Die Behauptung, daß bei der Entstehung des Symbols Teilhard de Chardins geistige Auseinandersetzug mitbeteiligt war, darf nicht mißverstanden werden. Symbole werden nicht gemacht, denn das Gemachte würde nicht *mehr* enthalten, als was hineingelegt wurde, was der oben dargelegten Umschreibung des Symbols widersprechen würde. Für Teilhard war das Symbol des Christus universalis der bestmögliche Ausdruck des von ihm Geahnten und noch nicht Gewußten. Dazu war es für ihn ein lebendiges Symbol. Ein Symbol, das seine ganze Anteilnahme verlangte und bewirkte. Für ihn hatte es lebenerzeugende und lebenfördernde Wirkung.

Teilhard de Chardins Weltschau hat anfänglich viele Menschen begeistert und fasziniert. Diese Begeisterung scheint in letzter Zeit stark abgeklungen zu sein. Ich glaube, daß die Begeisterung zum großen Teil im Symbolcharakter seiner Schau verwurzelt war. Jung schreibt: «Das lebendige Symbol formuliert ein wesentliches unbewußtes Stück, und je allgemeiner verbreitet dieses Stück ist, desto allgemeiner ist auch die Wirkung des Symbols, denn es rührt in jedem die verwandten Saiten an. Da das Symbol einerseits der bestmögliche und für die gegebene Epoche nicht zu übertreffende Ausdruck für das noch Unbekannte ist, so muß es aus dem Differenziertesten und Kompliziertesten der zeitgenössischen geistigen Atmosphäre hervorgehen. Da das lebendige Symbol andererseits aber das Verwandte einer größeren Menschengruppe in sich schließen muß, um überhaupt auf eine solche wirken zu können, so muß es gerade das erfassen, was einer größeren Menschengruppe gemeinsam sein kann. Dies kann nun niemals das Höchstdifferenzierte, das Höchsterreichbare sein, denn das erreichen und verstehen nur die wenigsten, sondern es muß etwas noch so primitives sein, daß dessen Omnipräsenz außer allem Zweifel steht. Nur wenn das Symbol dieses erfaßt und auf den höchstmöglichen Ausdruck bringt, hat es allgemeine Wirkung. Darin besteht die gewaltige und zugleich erlösende Wirkung eines lebendigen sozialen Symbols» (C. G. Jung, *GW. 6*, 518). Diese Ausführungen Jungs über die Wirkkraft des Symbols erklärt nicht nur die

Faszination, die Teilhard de Chardins Schau auf viele ausgeübt hat, sie ermöglicht auch das Verständnis, warum diese Begeisterung inzwischen eher abgeklungen ist. Das kann daran liegen, daß die Symbolik seiner Schau heute für viele nicht mehr der bestmögliche Ausdruck für das noch Unbekannte ist, nämlich für die Ganzheit der einen Wirklichkeit. Es kann aber auch daran liegen, daß die verschiedenen Analysen, denen das Werk Teilhard de Chardins unterworfen worden ist, gerade seine Schau so kompliziert und differenziert hat, daß sie nur noch für wenige nachvollziehbar ist. Das Symbol ist auseinandergerissen worden, wodurch es seine Lebendigkeit verloren hat.

b) Zum Projektionsverständnis C. G. Jungs

Das Symbol ist nur lebendig, solange es auch am Unbewußten teilhat. Diese unbewußten Inhalte die dem Symbol zugehören, haften ihm als Projektionen eben dieses Unbewußten an. Es ist daher zum Verständnis des unbewußten Inhaltes wichtig, sich der Bedeutung der Projektionen bewußt zu werden. Jung hat den Ausdruck Projektion von Sigmund Freud übernommen. Infolge seiner andersartigen Auffassung des Unbewußten hat aber dieser Begriff bei Jung eine andere, neue Interpretation erfahren. Er definierte die Projektion als eine unbewußte, d. h. nicht wahrgenommene und unabsichtlich geschehene Hinausverlegung eines subjektiven seelischen Tatbestandes in ein äußeres Objekt (vgl. C. G. Jung, *GW. 6*, 500f). Der Projizierende sieht in das Objekt etwas hinein, was nicht oder nur sehr wenig dort vorhanden ist. Daß aber gar nichts von dem Projizierten im Objekt vorhanden ist, kommt selten vor, vielleicht sogar nie. Deshalb spricht Jung von einem «Haken» im Objekt, an dem der Projizierende seine Projektionen aufhängt.

Immer sind es unbewußte Inhalte die projiziert werden. Sie werden aber nur projiziert, wenn sie konstelliert sind, das heißt, wenn ein unbewußter Inhalt so sehr mit psychischer Energie geladen ist, daß es ihm gelingt, die Bewußtseinsschwelle zu überwinden. Besitzen sie diese Energie nur im minderen Maße, so bleiben sie unterschwellig. Es ist aber auch möglich, daß das Bewußtsein durch äußere Umstände gleichsam an psychischer Energie verliert – Jung spricht in diesem Fall von «abaissement mental». Diese nicht mehr zur Verfügung stehende Energie fließt den unbewußten Inhalten zu, sie so konstellierend. Sie werden gleichsam aufgeladen und können so die Bewußtseinsschwelle überwinden und in die Bewußtseinssphäre eindringen.

Auch dieser Vorgang der Projektion läßt sich bei Teilhard deutlich verfolgen. Pater R. D'Ouince, der Teilhard, als sein unmittelbarer Vorgesetzter, gut kannte, berichtet, daß Teilhard bis zu seiner Einberufung an die Kriegsfront niemandem aufgefallen sei. Er bewegte sich wie selbstverständlich in der Welt der ihm überlieferten Vorstellungen und Gedankenkonstruktionen. Wenn wir diese Einordnung in eine ihm vorgegebene Welt nicht als eine billige Anpassung interpretieren wollen, dann ist dies wohl ein Hinweis, daß die unbewußten Inhalte, die später sein Gesamtwerk so wesentlich mitgeprägt haben, zu dieser Zeit noch nicht konstelliert waren. Sie besaßen nicht die Energie, die nötig war, um die augenblickliche Bewußtseinsschwelle zu überwinden. Dies bewirkte erst die Begegnung mit der Realität des Krieges. Es war eine neue Welt, mit der Teilhard plötzlich konfrontiert wurde, und sie hat ihn verunsichert. Diese Unsicherheit bewirkte eine Verlagerung der psychischen Energie, so daß unbewußte Inhalte konstelliert werden konnten, denen es dadurch gelang, die Bewußtseinsschwelle zu durchbrechen.

Da aber diese Inhalte wegen ihrer Fremdartigkeit dem Bewußtsein nicht ohne weiteres integrierbar waren, erschienen sie Teilhard als der Außenwelt zugehörig, das heißt als projizierte. Teilhard de Chardins Tagebücher jener Zeit zeigen deutlich, wie sehr er damit gerungen hat, diese hereinbrechenden Inhalte seiner bewußten Einstellung zu integrieren. Doch sie zeigen auch, daß im Laufe dieses Integrationsprozesses die bewußte Einstellung sich den neuen Inhalten anzupassen gezwungen war. Diese gegenseitige Beeinflussung – Jung nennt dies die transzendente Funktion – ergab Teilhard de Chardins Weltschau, die im Symbol des Christus universalis zur Einheit gestaltet worden ist.

Ich glaube nicht, daß Teilhard sich dieses Anteiles der projizierten Inhalte, die sich seiner Weltschau bemächtigt hatten, bewußt war. Jedenfalls weisen die veröffentlichten Schriften eher darauf hin, daß er überzeugt war, die äußere Wirklichkeit stimme mit der gewonnenen Schau überein. Vielleicht würden aber die unveröffentlichten Tagebücher und vor allem seine Notizen, die er sich bei den jährlichen Exerzitien machte, aufzeigen, daß er seine Weltschau auch als einen Aspekt seines Innenlebens aufzufassen bereit war.

Diese zwei Vorbemerkungen ermöglichen es, das Selbst, das Jung so eingehend erforscht hat, und den Christus universalis, der das Werk Teilhard de Chardins krönt, in eine gewisse Parallele zu setzen. Ich wage diese Parallele in der Hoffnung, ja, Überzeugung, daß diese Begegnung sowohl für das Verständnis des Selbst C. G. Jungs als auch für das Verständnis des Christus universalis Teilhard de Chardins befruchtend sein könnte. Dabei übersehe ich das Unterscheidende keineswegs, doch liegt es mir vor allem daran, das tertium comparationis herauszuarbeiten, das heißt die Ganzheit der einen Wirklichkeit, die uns im Selbst und im Christus universalis entgegentritt.

2. Das Selbst bei C. G. Jung

Wir haben oben gesehen: das Werk Teilhard de Chardins kreist um das Problem der Ganzheit, das Problem der Vereinigung des Getrennten, Materie und Geist, Kosmos und Gott. Diese geahnte und zutiefst ersehnte Ganzheit versucht Teilhard mit den verschiedensten Begriffen zu umschreiben: Punkt Omega, kosmischer Christus, mystischer Christus oder Christus universalis. In diesem Bestreben, das All-Eine zu fassen, reiht sich Teilhard ein in die Zahl derer, die mit *ihren* Mitteln und auf ihre Art die scheinbare Vielheit zu überwinden suchten, um so zur Ganzheit zu kommen. Wir finden sie zu allen Zeiten und bei vielen Völkern. Zu ihnen gehört sicher auch Jung. Er hat aber, klarer als viele andere vor ihm, mit ihm und nach ihm, aufgezeigt, daß diese erahnte Ganzheit, die immer wieder in der Außenwelt gesucht wird, im tiefsten eine Projektion archetypischer Struktur ist. Für ihn handelt es sich in all den verschiedenen Symbolen der Ganzheit vor allem um den Archetyp des Selbst.

a) Der Begriff des Selbst

Wenn Jung vom Selbst spricht, dann beschreibt er keine metaphysische Größe. Er umschreibt damit Phänomene, feststellbare Erscheinungsweisen, die er unter dem Begriff «*Selbst*» zusammenfaßt. Das Selbst ist daher für ihn im eigentlichen Sinne ein Begriff, kein Etwas und keine Hypostase. Es handelt sich dabei um einen Grenzbegriff, ein Postulat, das die Ganzheit von Bewußtsein und Unbewußten auszudrükken versucht. «Die Beschäftigung mit der Psychologie des Unbewußten hat mich mit Tatbeständen konfrontiert, welche die Aufstellung neuer Begriffe erfordern. Einer dieser Begriffe ist derjenige des Selbst» (C. G. Jung, *GW.* 9/2, 12).

Jung hat diesen Ausdruck gewählt, «um die Totalität des Menschen, die Summe seiner bewußten und unbewußten, Gegebenheiten, zu bezeichnen» (C. G. Jung, *GW, 11*, 90). Was dieses Selbst ist, kann nicht ausgesagt werden, da der Begriff des Selbst inhaltlich eine Mischung von Unbewußtem und Bewußtsein ist. So schreibt Jung: «Wohl kennen wir eine eigentümliche und paradoxe Phänomenologie des Selbst, aber wir sind uns des Umstandes bewußt, daß wir etwas Unbekanntes mit beschränkten Mitteln erkennen und in psychischen Strukturen ausdrücken, von denen wir nicht wissen, ob sie der Natur des zu erkennenden angemessen sind oder nicht» (ebd. 626). An einer anderen Stelle sagt er: «Man kann natürlich ‹Selbst› sagen; aber was damit gesagt ist, bleibt in ‹metaphysisches› Dunkel gehüllt. Zwar definierte ich das ‹Selbst› als Totalität der bewußten und der unbewußten Psyche. Diese Ganzheit ist aber unübersehbar ... Denn insofern Unbewußtes existiert, ist es nicht angebbar, es ist existentiell bloßes Postulat, über dessen möglichen Inhalte überhaupt nichts ausgesagt werden kann. Die Ganzheit ist empirisch nur in ihren Teilen und insofern diese Inhalte des Bewußtseins sind; aber als Ganzheit ist sie notwendigerweise bewußtseinstranszendent. Infolgedessen ist das ‹Selbst› lediglich ein Grenzbegriff, etwa wie bei Kant das ‹Ding an sich›. Es ist zwar eine empirisch sich beständig verdeutlichende Idee ..., ohne aber darum von ihrer Transzendenz einzubüßen» (C. G. Jung, *GW. 12*, 214 f). Wir sind daher außerstande, dem Selbst irgendwelche Grenzen zu setzen. Dieser Tatbestand läßt das Bewußtsein etwas unbefriedigt. Wir besitzen zwar einen Begriff, können aber nicht genau angeben, was wir damit in den Händen haben. Jung hat diese Spannung nicht übersehen, wußte er doch zu gut um das Unbekannte des Unbewußten. Er hat auch nicht versucht, diese Spannung zu überspielen, obwohl er wußte, daß er dadurch gerade in Kreisen der Naturwissenschaft auf Verärgerung stoßen würde. Der

Objektivität zuliebe konnt er es nicht tun, denn «das Unbewußte ist... das unbekannte Psychische schlechthin und darum auch das Grenzenlose, weil Unbestimmbare. Man darf sich bei dieser Sachlage also nicht im mindesten wundern, wenn die Empirie unbewußter Inhalte eben die Eigenschaft des Grenzenlosen, des in Raum und Zeit Unbestimmbaren, aufweist. Diese Qualität ist numinos und darum erschreckend, am meisten für ein sorgfältiges Nachdenken, das den Wert genau abgegrenzter Begriffe kennt» (ebd. 215).

b) Zur Phänomenologie des Selbst

In einem Brief vom 13. 3. 1956 schreibt Jung: «Die Idee der Ganzheit ist ein Wort, das ich etwa brauche – und zwar erst in den letzten Jahren –, um z. B. das Selbst zu beschreiben. Begriffe spielen bei mir überhaupt keine Rolle, weil ich keine philosophischen Voraussetzungen mache; darum bin ich nirgends von einer ‹Idee der Ganzheit› ausgegangen» (C. G. Jung, *Briefe*, III, 20). Jung besteht immer wieder darauf: der Begriff des Selbst ist für ihn nicht die Frucht einer philosophischen Schlußfolgerung, sondern eine Aussagenotwendigkeit aufgrund realer Erfahrungen. Gerne vergleicht er das Postulat des Selbst mit der physikalischen Arbeitshypothese der Atomstruktur angesichts atomarer Phänomene. Diese Arbeitshypothese deckt zwar nicht die Wirklichkeit, aber sie ist ihre bestmögliche Entsprechung. Ähnlich verhält es sich mit dem Postulat des Selbst. Jung fühlte sich gezwungen, zu dieser Arbeitshypothese zu greifen, um die Bilder zu verstehen, die die Psyche anbietet. Alles, was daher vom Wesen des Selbst ausgesagt werden kann, besitzt in diesen bestimmtgestaltigen Bildern der Psyche seine empirische Begründung. Wie Jung überreich belegt hat, weist die Bild-Gestalt der in Träumen oder Imaginationen auftauchenden Selbst-Symbole vor allem eine Entsprechung zur Figur des *Mandala* auf. Ihre äußere Form ist also der Kreis, das Oval oder das Quadrat, Schlösser, Städte und ein Hof mit quadratischem oder kreisförmigem Grundriß, das Weltenei oder das Weltauge und ähnliches. Auch die vier Tiere der Ezechielvision, die vier Evangelistensymbole oder das zwölftorige Jerusalem nennt Jung in diesem Zusammenhang. Typisch für alle Mandalas ist die symmetrische Anordnung ihrer Teile und die Beziehung aller Elemente auf eine Bildmitte. – Neben den eigentlichen Mandalas sind vor allem noch Kugel und Perle, Diamant und Kristall, Blüte und Kind, Urmensch oder Hermaphrodit Symbole des Selbst. Jung hat ein ungeheures Vergleichsmaterial zusammengetragen, um die Selbst-Symbole seiner Exploranden als mit den religiösen Ganzheitssymbolen der Menschheit in einer Reihe stehend zu erweisen. Die Kette der Belege reicht von paläolithischen Sonnenrädern, altorientalischen, klassischen und hellenistischen Philosophien bis zu den ältesten buddhistischen Mandalas aus China und Tibet, zur Gnosis, zu Nikolaus Cusanus und zur mittelalterlichen Mystik, allem voraus jedoch zur Alchemie. Diese Vielfalt von Selbst-Symbolen faßt Jung einmal folgendermaßen zusammen: «Durchgeht man ... die Reihe der vielen Symbole für das Selbst, so entdeckt man darunter nicht wenige, welche keinen menschlichen Persönlichkeitscharakter erkennen lassen ... Es ist die Symbolik der Alchemie, welche neben der persönlichen Gestalt noch andere, nicht menschliche Formen aufgestellt hat, nämlich geometrische, wie Kugel, Kreis, Quadrat, Oktopon, oder chemisch-physikalische, wie Stein, Rubin, Diamant, Quecksilber, Gold, Wasser, Feuer, Geist (spiritus im Sinne von volatiler Substanz)» (C. G. Jung, *GW. 11*, 202). An anderer Stelle schreibt er: «Die menschlichen Figuren (des Selbst) sind Vater und Sohn, Mutter und Tochter, König und Königin, Gott und Göttin. Theriomorphe Symbole sind Drache, Schlange, Elefant, Löwe, Bär oder sonstwie mächtige Tiere, oder im Symbol Spinne, Krebs, Schmetterling, Käfer, Wurm usw. Pflanzliche Symbole sind in der Regel Blumen (Lotus und Rose). Diese leiten über zu geometrischen Gebilden, wie Kreis, Kugel, Quadrat, Quaternität, Uhr, Firmament usw.» (C. G. Jung, *GW. 9/1*, 204). Es steht wohl fest, daß die Beweiskraft dieser Kette nicht zu erschüttern ist, so daß Jung sich gezwungen sah, den Begriff des Selbst zu prägen, ohne damit auch schon das Sosein dieses Selbst zur Deckung gebracht zu haben.

c) Entfaltung des Selbstbegriffs

Das Selbst als Vereinigung der Gegensätze: Was in den Symbolen des Selbst zum Verstehen kommt, ist vor allem das Ereignis der Synthese, der Conjunktion. Es ist die Vereinigung von Unbewußtem und Bewußtsein, von Weiblichem und Männlichem, von Dunklem und Hellem, von Inferiorem und Superiorem. Ausführlich ist Jung auf diese Vereinigung in seinem Werk «*Mysterium coniunctionis*» eingegangen, das wohl als eines der wichtigsten Werke Jungs gelten darf. Auch an anderer Stelle kommt er immer wieder auf diese Vereinigung der Gegensätze zu sprechen. Kurz und bündig schreibt er in einem Brief vom 10. 4. 1954: «Das Selbst ist eine Einheit, die jedoch aus zweien, d. h. den Gegensätzen, besteht, sonst wäre es keine Ganzheit» (C. G. Jung, *Briefe* II, 388).
Diese Vereinigung der Gegensätze darf aber nicht als ein Kompromiß oder als ein beziehungsloses Nebeneinander verstanden werden. Die Vereinigung ist eine Neuschöpfung. Daher schreibt Jung: «Soll aber irgendwo oder irgendwie eine Einigung zwischen Gegensätzen wie Geist – Stoff, Bewußtsein – Unbewußtes, Hell – Dunkel zustandekommen, wo wird sie sich in einem Dritten ereignen, welches keinen Kompromiß, sondern ein Novum darstellt» (C. G. Jung, *GW. 14/*

2,315). Dies zu beachten ist äußerst wichtig, vor allem, wenn wir bedenken, daß zum Selbst auch die Vereinigung des Gegensatzpaares Gut – Böse gehört. Eine Ganzheit, die nämlich keinen Platz für das Minderwertige, Dunkle oder Böse hat, ist nach Jung bloße Illusion. Ohne Integration des Bösen gibt es keine Ganzheit. Befremdend ist diese Behauptung nur, wenn man vergißt, daß die conjunctio eine schöpferische, d. h. neuschaffende Vereinigung ist. Weder Gut noch Böse bleiben das, was sie vor der Vereinigung waren. Im doppelten Sinn des Wortes sind sie im Selbst aufgehoben.

Ich und Selbst: Oft wird vom Selbst gesprochen im Sinne eines anderen, vielleicht gesteigerten Ausdrucks für das Ich. So hat aber Jung das Selbst nicht verstanden. Deutlich unterscheidet er zwischen Ich und Selbst. «Ich unterscheide ... zwischen Ich und Selbst, insofern das Ich nur das Subjekt meines Bewußtseins, das Selbst aber das Subjekt meiner gesamten, also auch der unbewußten Psyche ist» (C. G. Jung, *GW. 6*, 471). Das Ich steht zum Selbst wie das «patiens zum agens, oder wie das Objekt zum Subjekt, weil die Bestimmungen, die vom Selbst ausgehen, umfänglich und daher dem Ich überlegen sind. Wie das Unbewußte, so ist das Selbst das a priori Vorhandene, aus dem das Ich hervorgeht ... Nicht ich schaffe mich selbst, ich geschehe vielmehr mir selber» (C. G. Jung, *GW. 11*, 283).

Dies ist aber nur die eine Seite. Das Verhältnis Ich – Selbst ist paradox. Das Ich geht nicht nur aus dem Selbst hervor, Jung konnte auch schreiben: «Das Selbst ist hilfsbedürftig und muß vom Bewußtsein wahrgenommen, geschützt und quasi aufgebaut werden, und zwar dermaßen, als ob es zuvor gar nicht gewesen und erst durch die Sorge und Hingabe des Menschen ins Dasein gerufen worden wäre» (C. G. Jung, *GW. 9/2*, 180). Nur wenn beide Seiten gesehen werden, erscheint das Verhältnis Ich – Selbst im richtigen Licht. Sieht man nur die Abhängigkeit des Ich vom Selbst, dann führt dies zum Determinismus, «denn als bloß Geschaffenes oder aus unbewußter Voraussetzung Werdendes hat der Mensch keine Freiheit» (C. G. Jung, *GW. 11*, 283). Dies geht aber nicht an, unabhängig jeder philosophischen Voreingenommenheit, «die psychologische Beurteilung muß der Tatsache Rechnung tragen, daß trotz aller kausalen Gebundenheit der Mensch ein Freiheitsgefühl besitzt, das mit der Autonomie des Bewußtseins identisch ist... Die Existenz des Ichbewußtseins hat nur Sinn, wenn sie frei und autonom ist» (ebd. 283). Jung ist sich bewußt, damit eine Antinomie auszudrücken, doch sie entspricht den tatsächlichen Verhältnissen. Darum fährt er fort: «Es gibt nur zeitliche, örtliche und individuelle Verschiedenheiten in den Graden der Abhängigkeit und der Freiheit. Es ist in Wirklichkeit immer beides vorhanden, die Übermacht des Selbst und die Hybris des Bewußtseins» (ebd. 283 f). Die Willensfreiheit wird damit nicht geleugnet, doch sie wird eingeschränkt. Denn wie «unsere Willensfreiheit sich an den Notwendigkeiten der Umwelt stößt, so findet sie auch ihre Grenzen jenseits des Bewußtseinsfeldes in der subjektiven Innenwelt, das heißt dort, wo sie mit den Tatsachen des Selbst in Konflikt gerät. Wie äußere Umstände uns zustoßen und uns beschränken, so verhält sich auch das Selbst dem Ich gegenüber als objektive Gegebenheit, an der die Freiheit unseres Willens nicht ohne weiteres etwas zu ändern vermag. Es ist sogar eine bekannte Tatsache, daß das Ich nicht nur nichts gegen das Selbst vermag, sondern auch gegebenenfalls durch die in Entwicklung begriffenen, unbewußten, Persönlichkeitsanteile assimiliert und in hohem Grade verändert wird» (C. G. Jung, *GW. 9/2*, 14 f).

Wird die Willensfreiheit des Ich durch das Selbst auch eingeschränkt, so darf das Ich doch nicht übersehen, daß der Zustrom an unbewußten Inhalten die Persönlichkeit belebt und bereichert und damit eine Gestalt aufbaut, welche an Umfang und Intensität eben dieses Ich irgendwie überragt. Es ist der größere Mensch, der aber nie identisch ist mit dem empirischen Menschen. Das Ich kann nicht durch das Selbst einfach ersetzt werden. Viele verstehen dies unter «Selbstwerdung». Deutlich schreibt Jung dagegen: «Das Selbst wird nur zu einem bestimmenden Faktor, und es wird nicht beschränkt durch anscheinende Bewußtwerdung, sondern bleibt trotz derselben eine ideelle, d. h. nur vorgestellte, im wesentlichen aber hintergründige Größe» (C. G. Jung, *Briefe* III, 70). Wohl verdankt das Ich seine Existenz dieser treibenden Kraft des Selbst. Doch dieses Selbst «wirkt nur vermöge eines Ich, welches die Stimme jenes Größeren vernimmt» (C. G. Jung, *GW. 3*, 116). Da beide einander bedürfen, dürfen sie nie identifiziert werden. Jung benutzte einmal das Bild des Berges, um das Verhältnis Ich – Selbst zu veranschaulichen. Sollte das Ego den Gipfelpunkt des Selbst darstellen, eines Berges, unendlich viel höher als der Mt. Everest, wäre es doch nichts als ein kleiner Brocken Fels oder Eis, aber niemals der ganze Berg. Wenn der kleine Brocken sich sogar als Teil des Berges erkennen und verstehen würde, besäße er doch keine Kenntnis über dessen innerste Natur, denn alle anderen sind, wie er selbst, *Individuen*, unvergleichbar und letztlich unverkennbar. Erschiene das Selbst der Erfahrung als eine Ganzheit, so wäre es doch nur eine begrenzte Erfahrung, denn in Wirklichkeit wäre seine Erfahrung unbegrenzt und unendlich. Unser Ichbewußtsein ist nur begrenzter Erfahrung fähig. Wir können nur sagen, daß das Selbst grenzenlos ist, aber wir können seine Unendlichkeit nicht erfahren.

Die kosmische Dimension des Selbst: Ist das Selbst dem Ich-Bewußtsein gegenüber immer das Größere, dann drängt sich verständlicherweise die Frage auf, worin denn diese Größe besteht. Die Frage kann und darf wohl gestellt werden, endgültig ist sie aber nicht zu beantworten, da ja zum Selbst auch das Unbewußte gehört, das per definitionem werden kann. So schreibt Jung: «Die Grenzen des Bewußtseins können wir wohl angeben; das Unbewußte ist aber das unbekannte Psychische schlechthin und darum auch das Grenzenlose, weil Unbestimmbare» (C. G. Jung, *GW. 12*, 215). In der Anerkennung dieser erlebten Grenzenlosigkeit des Selbst liegt wohl die größte Schwierigkeit für das Bewußtsein, das Grenzen braucht. Diese Schwierigkeit ist für viele der Grund, warum sie Jungs Begriff des Selbst ablehnen. Doch trotz dieser Ablehnung kann der Mensch der Grenzenlosigkeit des Selbst nicht entfliehen. Wie sehr das Bewußtsein auch den Bereich der Wirklichkeit abgrenzen mag, dank der kompensierenden Tendenz der unbewußten Psyche begegnet das Bewußtsein immer wieder Symbolen des Selbst, die oft kosmische Bedeutung haben. Durch sie ist der Menschen «eingetaucht in den Strom des kosmischen Geschehens an sich» (C. G. Jung, *Briefe* I, 403).

Jung hat diese kosmische Dimension des Selbst vor allem im Zusammenhang mit dem Synchronizitätsprinzip untersucht. Dabei stellte er fest, daß die Synchronizitätsphänomene auf einen bewußtseinstranszendenten Einheitsaspekt des Seins hinweisen. Diesen Einheitsaspekt bezeichnet Jung als den «unus mundus» (die Eine Welt), ein Ausdruck, der aus der mittelalterlichen Naturphilosophie stammt. Die Idee des «unus mundus» beruht auf der Annahme, daß die Vielfalt der empirischen Welt auf der Grundlage einer Einheit derselben beruhe, und daß nicht zwei oder prinzipiell geschiedene Welten zusammen existieren oder miteinander vermengt seien. Diese ein und dieselbe Welt ist nicht sinnenfällig. Der «unus mundus» stellt ein Postulat dar. Doch handelte es sich bei den mittelalterlichen Naturphilosophen um einen metaphysischen Begriff, so konnte Jung im Phänomen der Synchronizität zum erstenmal einen empirischen Hinweis auf die Existenz eines solchen «unus mundus» erbringen. Ausführlich und überzeugend hat M. L. von Franz weitere empirische Hinweise für die Existenz dieses «unus mundus» in ihrem Buch «Zahl und Zeit» erbracht. – Doch noch eine weitere Tatsache kann die Wahrscheinlichkeit des Postulates des «unus mundus» erhärten. Jung weist darauf hin, «daß es bis jetzt nicht gelungen ist, eine Welt zu entdecken, in welcher die uns bekannten Naturgesetze ungültig wären. Daß auch die von der physischen so außerordentlich verschiedene psychische Welt nicht außerhalb des einen Kosmos wurzelt, geht aus der unleugbaren Tatsache hervor, daß es zwischen Seele und Körper kausale Beziehungen gibt, welche auf deren im Grunde genommen, einheitliche Beschaffenheit hinweisen» (C. G. Jung, *GW. 14/2,*317).

Selbst und Gott: Die Erfahrung der Grenzenlosigkeit des Selbst verleiht diesem nicht nur eine kosmische Dimension, die im Symbol des «unus mundus» zum Ausdruck kommt. Durch die Erfahrung der Grenzenlosigkeit gerät der Begriff des Selbst unweigerlich in die Nähe des Gottesbegriffs. Es ist Jung auch oft der Vorwurf gemacht worden, er hätte mit dem Begriff des Selbst einen Gottesersatz schaffen wollen. Ausdrücklich hat er sich aber dagegen gewehrt: «Ich bin Empiriker, und als solcher kann ich die Existenz einer dem Bewußtsein übergeordneten Ganzheit nachweisen, empirisch nachweisen. Diese übergeordnete Ganzheit wird vom Bewußtsein numinos erlebt, als Tremendum und Fascinosum. Als Empiriker interessiert mich nur der Erlebnischarakter dieser übergeordneten Ganzheit, die an sich, ontisch genommen, ein Indescriptibile ist. Dieses ‹Selbst› steht nie und nimmer an Stelle Gottes» (C. G. Jung, *GW. 11,*675).

So ist das Selbst keineswegs Gott, jedenfalls läßt sich dies empirisch nicht nachweisen, doch wird das Selbst vom Bewußtsein numinos erlebt, als Tremendum und Fascinosum, das, wie Rudolf Otto überzeugend dargelegt hat, seit je als das Erleben des Göttlichen bezeichnet worden ist. Erlebt wird dieses Numinose vor allem in der Begegnung mit bestimmtgestalteten Bildern. Es sind die Symbole des Selbst. Kraft ihrer Numinosität lassen sie sich von Gottessymbolen nicht unterscheiden. So ist das Mandala, «obschon nur ein Symbol das Selbst als der psychischen Ganzheit, zugleich ein Gottesbild, eine imago Dei, denn Mittelpunkt, Kreis und Vierheit sind altbekannte Gottessymbole» (C. G. Jung, *GW. 9/1*, 342 f). Dies gilt auch für alle anderen Selbst- und Gottessymbole. Obwohl sie aber praktisch als identisch erscheinen, ergibt sich daraus niemals, daß Selbst und Gott identisch sind. Jung schreibt in einem Brief: «Wenn ich ‹Gott› sage, so ist das ein *psychisches* Bild. Ebenso ist das *Selbst* ein psychisches Bild der transzendenten, weil unbeschreiblichen und unerfaßbaren Ganzheit des Menschen. Beide Typen sind durch dieselben oder ähnliche Symbole empirisch ausgedrückt, so daß sie nicht voneinander unterschieden werden können. Die Psychologie beschäftigt sich einzig und allein mit erfahrbaren Bildern, deren Beschaffenheit und biologisches Verhalten sie (mit vergleichender Methode) erforscht. Das hat mit Gott an sich nichts zu tun» (C. G. Jung, *Briefe* II, 107). – Damit ist aber nicht nur der Vorwurf widerlegt, Jung schaffe mit seinem Begriff des Selbst einen immanenten Gott, einen Gottesersatz. Aufgrund der Koinzidenz der Selbstsymbole und der Gottessymbole ist auch erklärbar, daß das Gottesbild seinen Einfluß auf unsere Vorstellungen des Selbst hat und umgekehrt. So schreibt Jung: «Als höchster Wert und als Dominante der seelischen Hierarchie ist das Gottesbild in unmittelbarer Verbindung beziehungsweise identisch mit dem Selbst, und alles, was an jenem geschieht, wirkt auf dieses. Eine Unsicherheit in bezug auf ersteres bedeutet eine profunde Beunruhigung des letzteren» (C. G. Jung, *GW. 9/2*, 117). Dies darf wohl so verstanden werden, daß es für den Menschen nicht gleichgültig ist, welches Gottesbild ihn prägt, denn was immer in seinem Gottesbild keinen Platz hat, ist in Gefahr auch für die Vorstellung der eigenen Ganzheit verloren zu gehen, zum Schaden eben dieser unbeschreiblichen und unfaßbaren Ganzheit des Menschen. Ist das Selbst nicht Gott, so kann es doch «vielleicht ein Gefäß für die göttliche Gnade» sein (C. G. Jung, *GW. 11*, 675). Mit dieser vorsichtigen Formulierung erreicht Jung die Grenze der psychologischen Ebene. Jung überschreitet die Grenze nicht, es muß aber überraschen, daß von jenseits der psychologischen Grenze so wenig Theologen diesen Gedanken aufgegriffen und in ihre wissenschaftlichen Überlegungen eingearbeitet haben.

3. Der Christus universalis bei Teilhard

a) Die Elemente des Christus universalis

Wie wir gesehen haben, hat sich Teilhard intensiv mit dem Problem der Vereinigung von göttlicher und kosmischer Wirklichkeit auseinandergesetzt. Die Vereinigung bildet gleichsam die Strukturdominante seiner Visionen aus der Zeit des ersten Weltkrieges. Als Symbol dieser Vereinigung benützt er das Bild des Christus universalis oder des kosmischen Christus. So schreibt er in einer Abhandlung: «Unter Christus-Universalis verstehe ich Christus als das organische Zentrum des ganzen Universums; – als organisches Zentrum, das heißt als Zentrum, an dem letzten Endes physisch die ganze, selbst die natürliche Entwicklung hängt; – das ganze Universum, das heißt nicht nur der Erde und der Menschheit, sondern des Sirius, der Andromeda, der Engel, aller Wirklichkeiten, von denen wir nah oder fern physisch abhängen (das heißt wahrscheinlich allen teilhabenden Seins); – und noch einmal des ganzen Universums, das heißt nicht nur des sittlichen und religiösen Bemühens, sondern gleichfalls von all dem, was dieses Bemühen voraussetzt, nämlich von jeglichem Wachsen des Leibes und des Geistes» (Teilhard de Chardin, *Wissenschaft und Christus*, 37). Der Christus universalis ist die Vereinigung der gesamten Wirklichkeit, anders ausgedrückt, die Vereinigung der Materie mit Christus und zwar mit dem historischen Jesus von Nazaret.

In diesem Zusammenhang versteht Teilhard unter der Materie ganz einfach die irdische Wirklichkeit, alles was uns umgibt, uns selber mit eingeschlossen. So schreibt er in «Das *Göttliche Milieu*»: «Es handelt sich für uns durchaus um dieselbe *konkrete* Wirklichkeit wie für die Physik und die Metaphysik, mit denselben grundlegenden Attributen der Pluralität, der Greifbarkeit und des Untereinander-Verbundenseins. Doch wir versuchen hier, diese Wirklichkeit gänzlich in ihrer größtmöglichen Allgemeinheit zu umfassen: wir nehmen sie mit ihrer ganzen Üppigkeit, so wie sie nicht nur auf unsere wissenschaftlichen oder dialektischen Nachforschungen, sondern auf unser ganzes praktisches Tun reagiert. Die Materie wird also für uns die Gesamtheit der Dinge, der Energien, der Geschöpfe sein, die uns umgeben, sofern sie sich uns als greifbar, wahrnehmbar, ‹natürlich› erweisen» (Teilhard de Chardin, *Das Göttliche Milieu*, 116). Die Materie, als der eine Pol des Christus universalis, ist die gemeinsame, universelle, unendlich fließende und mannigfaltige Wirklichkeit, in die der Mensch eingetaucht lebt. Vereint mit dem historischen Jesus, bildet sie den einen Christus universalis, den kosmischen Christus.

Teilhard besteht darauf, daß es einzig und allein um den historischen Jesus gehe. «Der mystische Christus, der universelle Christus des heiligen Paulus, kann weder Sinn noch Wert in unseren Augen haben, es sei denn als eine Ausweitung des aus Maria geborenen und am Kreuz gestorbenen Christus. Von diesem bezieht jener wesentlich seine grundlegende

Qualität, unbestreitbar und konkret zu sein. So weit man sich auch in die der christlichen Mystik offenstehenden göttlichen Räume hinausreißen läßt, man tritt nicht aus dem Jesus des Evangeliums heraus» (ebd. 135). Nur so konnte Teilhard eine grundlegende Eigenschaft seines Christus universalis verteidigen, die Eigenschaft, konkret zu sein. Indem er aber seinen Christus universalis so akzentuiert mit dem historischen Jesus verknüpft, glaubt Teilhard auch, daß er sich genügend von den Modernisten und Schwarmgeistern absetzen kann. Nach ihm liegt der Irrtum aller Schwarmgeister darin, daß sie die Ebenen der Welt miteinander verwechseln und folglich ihre Wirkbereiche verwirren. Die göttliche Gegenwart erhellt in den Augen der Schwarmgeister nicht einfach den Grund der Dinge. Sie strebt vielmehr dahin, die Oberfläche der Dinge zu überfluten und folglich ihre anspruchsvolle, aber heilsame Wirklichkeit zu unterdrücken. Dies lehnt Teilhard entschieden ab, denn es wäre für ihn das falsche Wunderbare, das das menschliche Bemühen verwirrt und von ihm abrät. Jesus von Nazaret, der als der Gekreuzigte und Auferstandene von der Kirche verkündet wird, ist der andere Pol seines Christus universalis, der sich in und durch die Vereinigung mit der Materie konstituiert.

b) Die Vereinigung der Elemente des Christus

Analogien: Um die Vereinigung beider Elemente zu umschreiben, die für Teilhard immer eine transzendente Größe bleibt, ist er genötigt, nach Analogien Ausschau zu halten. Er tut es als katholischer Christ, und es ist daher nicht verwunderlich, daß er diese Analogien im Bereich der christlichen Lehre, und zwar in ihrer katholischen Ausprägung, sucht. Teilhard glaubt, sie gefunden zu haben in der Lehre der *Inkarnation* und der *Eucharistie*.

Die katholische Grundlehre der *Inkarnation* kann, nach Karl Rahner, folgendermaßen zusammengefaßt werden: «Das ewige (also präexistente) Wort (Logos), der Sohn des Vaters als die zweite Person der Dreifaltigkeit, hat durch die hypostatische Union eine menschliche, in der Zeit geschaffene Natur mit Leib und geistiger Seele aus Maria der Jungfrau und seiner wahren Mutter, in wahrer, substantieller und endgültiger Einheit... als seine Natur mit seiner Person vereinigt..., ohne dadurch die unvermischte Unterschiedenheit seiner göttlichen Natur und der menschlichen auch nach der Einigung zu beeinträchtigen..., und ist so auch ein wahrer Mensch geworden. Der einen und selben Person des Logos gehören daher zwei Naturen, die göttliche und die menschliche, unvermischt und ungetrennt an, der eine und selbe ist Gott und Mensch. Von einem und demselben Subjekt können die Wirklichkeiten beider Naturen ausgesagt und daher in einer Idiomenkommunikation... von diesem einen Subjekt, das von der einen Natur benannt wird, die Eigentümlichkeiten der anderen Natur prädiziert werden» (Karl Rahner, in: Herders Theologisches Taschenlexikon, 3,351f). Auch wenn Teilhard diese Grundlehre der Kirche in bezug auf die Inkarnation nie ausdrücklich formuliert hat, darf wohl behauptet werden, daß er keinen einzigen Aspekt dieser Grundlehre bestritten hat. Fest steht aber auch, daß er in bezug auf die Natur des Menschen nicht gleich dachte wie verschiedene kirchenamtliche Verlautbarungen. Menschliche Natur ist für ihn nicht nur etwas aus Leib und geistiger Seele Bestehendes und an Raum und Zeit Gebundenes. Gerade dank der Leiblichkeit ist die menschliche Natur etwas auf den ganzen Kosmos Bezogenes. Da diese kosmische Bezogenheit zur Natur des Menschen gehört, muß daher auch die Inkarnation eine kosmische Dimension besitzen, das ewige Wort des Vaters wäre sonst nicht ganz Mensch geworden, was aber der kirchlichen Lehre widersprechen würde.

An der Übereinstimmung mit der kirchlichen Grundlehre ist daher bei Teilhard nicht zu zweifeln. Offen bleibt die Frage, ob die von Teilhard vertretene Ansicht der kosmischen Bezogenheit zur Natur des Menschen gehört oder nicht. Teilhard bejaht diese Frage in aller Entschiedenheit, und er hat immer wieder versucht, diese Entscheidung zu begründen, vor allem aber in seinem Hauptwerk «Der Mensch im Kosmos». Es ist hier nicht der Ort, darauf näher einzugehen. Ich möchte nur darauf hinweisen, daß diese Entscheidung für die kosmische Bezogenheit der menschlichen Natur bereits in den Visionen grundgelegt ist, daß sie daher archetypischer Provenienz ist. – Daß die Inkarnation zur Analogie für Teilhard de Chardins Vorstellung des Christus universalis werden konnte, liegt im Begriff der Vereinigung begründet. Die Vereinigung ist das Analogon, das tertium comparationis. Sie ist, gemäß der kirchlichen Lehre, hypostatisch, das heißt etwas Substanzhaftes, Physisches und nicht bloß etwas Akzidentelles oder gar Juridisches. Sie geschieht ohne Vermischung der zu vereinigenden Naturen und doch in völliger Ungetrenntheit und Endgültigkeit. Mit eingeschlossen ist in dieser Lehre, daß die menschliche Natur, dank der Vereinigung mit der göttlichen, emporgehoben, vergöttlicht wird, nicht aber ausdrücklich, daß auch die göttliche Natur durch die Vereinigung von der menschlichen Natur affiziert worden sei. Ausgeschlossen ist dieses Affiziertsein Gottes durch die menschliche Natur aber nicht, ist es doch der Menschgewordene Sohn Gottes, der am Kreuz gestorben ist. Dank seiner menschlichen Natur ist Gott daher leidensfähig geworden.

Die zweite Analogie für seine Vorstellung des Christus universalis findet Teilhard in der Lehre der *Eucharistie*, hier vor allem in ihrer katholischen Ausprägung. Dieses Eucharistieverständnis der Kirche spricht sich wohl am tiefsten und umfassendsten in der Liturgie aus. Mit Johannes Betz kann dieses Verständnis folgendermaßen zusammengefaßt werden: «In der Eucharistie ist der Leib und das Blut Jesu nicht nur dem Zeichen und der Kraft nach, sondern wahrhaft, wirklich und wesenhaft kraft Transsubstantion enthalten; nur die Gestalten von Brot und Wein bleiben. Unter jeder Gestalt, ja in jedem Teil derselben ist letztlich der ‹totus Christus› (der ganze Christus), nicht nur für die Dauer des Genußes, sondern auch vorher und nachher zugegen und anbetungswürdig, er wird wirklich genossen» (Johannes Betz, in: Herders Theologisches Taschenlexikon, 2, 236). Auch diese Formulierung stammt nicht von Teilhard, doch es ist außer Zweifel, daß er sein ganzes Leben zu dieser kirchlichen Lehre gestanden hat. Teilhard hätte wohl auch nichts gegen die Zusammenfassung von Johannes Betz gehabt, wenn dieser seinen Artikel mit den Worten abschließt: «Dem Gesagten zufolge erscheint die Eucharistie (nach ihrem Gesamtbegriff) als die sakramentale Gegenwart und Zuwendung des universell heilsentscheidenden Opferereignisses ‹Jesu› in dem von ihm gestifteten opferhaften Mahl der Kirche. Sie ist höchste Gabe des Herrn, die anfanghafte Verklärung der Weltdinge, Einbeziehung auch des Leibes in die Herrlichkeit der Erlösung, Band der innigsten Einheit der Menschen mit Gott und untereinander, und zwar durch Christus, ein entscheidendes Prinzip der räumlichen und zeitlichen Katholizität der Kirche, deren tiefster Wesensvollzug» (ebd. 2, 241).

Doch die Akzente hat Teilhard anders gesetzt. Wie schon bei der katholischen Grundlehre der Inkarnation sieht Teilhard auch in ihrer Eucharistielehre vor allem deren kosmische Dimension. Ausdrücklich geht er darauf ein in seinem Werk «Das göttliche Milieu», wenn er sagt: «Wenn der Priester diese Worte spricht: Hoc est Corpus meum, fällt das Wort unmittelbar auf das Brot und verwandelt es unmittelbar in die individuelle Wirklichkeit Christi. Doch das große sakramentale Wirken bleibt nicht bei diesem lokalen und augenblickshaften Ereignis stehen. Man lehrt es im Kern den Kleinkindern: durch alle Tage eines jeden Menschen und durch alle Zeitalter der Kirche und durch alle Perioden der Welt hindurch gibt es nur eine einzige Messe und eine einzige Kommunion . . . Im Grunde entwickelt sich von den Ursprüngen der messianischen Vorbereitung bis zur Parusie über das geschichtliche Offenbarwerden Jesu und die Wachstumsphasen seiner Kirche ein einziges Ereignis in der Welt: die Inkarnation, die in jedem Individuum durch die Eucharistie verwirklicht wird» (Teilhard de Chardin, *Das göttliche Milieu*, 148). Die Eucharistie vergöttlicht den Menschen und das Universum. Durch die Eucharistie wird der Einfluß Christi an uns übermittelt. Der eucharistische Christus kontrolliert in jedem Augenblick «die ganze Bewegung des Universums» (Teilhard de Chardin, *Wissenschaft und Christus*, 97). Doch dies genügt nicht. Da Christus «vor allem Omega ist, das heißt universelle ‹Form› der Welt, vermag er sein organisches Gleichgewicht und seine organische Fülle nur zu finden, indem er mystisch . . . alles, was ihn umgibt, assimiliert. Die Hostie gleicht einem glühenden Zentrum, von dem die Flamme ausstrahlt und sich ausbreitet. Wie der in die Heide geworfene Funke sich bald mit einem breiten Feuerkreis umgibt, so umhüllt sich im Laufe der Jahrhunderte die sakramentale Hostie . . . immer inniger mit einer anderen unendlich viel größeren Hostie, die nichts weniger ist als das Universum selbst – das Schritt um Schritt von dem universellen Element aufgesogene Universum . . . Die Welt ist die endgültige und wirkliche Hostie, auf die Christus nach und nach und bis zur Vollendung ihrer Zeit herabsteigt» (ebd. 97 f). Indem Teilhard vor allem diese kosmische Ausweitung des kirchlichen Eucharistieverständnisses betont, das heißt die Bewegung, durch welche die Hostie sich die Menschheit und das ganze Universum einverleibt, drängt sich ihm die Eucharistie als Analogie für seinen Christus universalis auf. Auch hier ist das Analogon, das tertium comparationis, die Vereinigung von Göttlichem und Kosmischem. Deutlicher aber als bei der Inkarnation kommt hier zum Ausdruck, daß durch die Vereinigung auch das Göttliche affiziert wird, findet es doch nur durch sie «sein organisches Gleichgewicht und seine organische Fülle» (ebd. 97). Daß dieses Eucharistieverständnis Teilhard de Chardins in seinen Visionen grundgelegt ist, kann wohl kaum übersehen werden. So gilt auch hier, daß es zutiefst archetypischer Provenienz ist.

Die schöpferische Vereinigung: Da Teilhard de Chardins Christus universalis der vergöttlichte Kosmos oder der kosmische Christus ist, also eine Vereinigung der, noch als getrennt erlebten, kosmischen und göttlichen Wirklichkeit, ist es verständlich, daß der Begriff der *Vereinigung* der Zentralbegriff der Weltschau Teilhard de Chardins bildet. Um diesen teilhardschen Einheitsbegriff zu verstehen, ist es nützlich, die lebendige Einheit zu betrachten. Diese lebendige Einheit können wir folgendermaßen formulieren: «Die lebendige Einheit erzeugt in sich durch Selbstvermehrung (Selbstabbildung) gleichartige Elemente (Zellen), die im Lebensakt des Beisammenbleibens (ungetrennt und unvermischt) sich zum einen Organismus vereinigen und dabei differenzieren» (Adolf Haas, *Teilhard de Chardin-Lexikon*, 1,233). Die lebendige Einheit enthält also eine innere Mannigfaltigkeit, welche die Einheit nicht stört, sondern erst recht dokumentiert. Dieser Einheitsbegriff, den Teilhard aus der organischen Wirklichkeit gewonnen hat, wendet er konsequent, unter Beachtung der Analogie, auf die höheren Einheitsformen an. Ja, wo immer der Mensch auf Seiendes stößt, ist dieses Seiende verkoppelt mit Vereinigung. In der derzeitigen evolutiven Phase des Kosmos vollzieht sich alles so, «als bilde das Eine sich durch aufeinanderfolgende Einswerdungen des Vielen – und als wäre es um so vollkommener, je vollkommener es unter sich ein umfassenderes Vieles zentral-

isiert» (Teilhard de Chardin, *Wissenschaft und Christus*, 73).
Vereinigung bedeutet aber nicht, daß das Eine aus vielen
zusammengesetzt sei, das heißt, das Eine entsteht nicht
dadurch, daß die Elemente in ihm verschmelzen. Die Elemente bleiben in der Vereinigung wohl ungetrennt, aber auch
unvermischt. Vereinigung als Modus des Seins bedeutet nur,
daß das Eine, wo immer wir ihm begegnen, «nur in der Folge
des Vielen erscheint, in der Beherrschung des Vielen, weil es
sein wesentliches, formales Tun ausmacht, zu vereinen» (ebd.
74). So verschmilzt die schöpferische Vereinigung die Glieder
nicht untereinander, die sie gruppiert. Sie bewahrt sie, vollendet sie sogar. Auf diesen Aspekt insistiert Teilhard. So sagt
er: «Die wahrhafte Vereinigung verschmilzt nicht die Elemente, die sie einander annähert; durch wechselseitige
Befruchtung und Anpassung gibt sie ihnen vielmehr eine
Erneuerung an Lebenskraft... Die Vereinigung, differenziert» (Teilhard de Chardin, *Die menschliche Energie*, 84).
Und an einer anderen Stelle: «In diesem konvergenten Universum vereinigen sich alle niedrigen Zentren, jedoch durch
Zusammendrängen in einem stärkeren Zentrum. Alle
bewahren und vollenden sich also, indem sie sich zusammen-
schließen. Die Vereinigung der Konzentration (die einzige
wahre Vereinigung) zerstört nicht, vielmehr akzentuiert sie
die Elemente, die sie umgreift» (ebd. 139). Und in seinem
Hauptwerk, «Der Mensch im Kosmos», schreibt er: «Die
Vereinigung differenziert auf jedem beliebigen Gebiet, ob es
sich um Zellen eines Körpers handelt oder um Glieder einer
Gesellschaft oder um Elemente einer geistigen Synthese. In
jeder organisierten Gesamtheit erlangen die Teile Vollkommenheit und Vollendung» (Teilhard de Chardin, *Der Mensch
im Kosmos*, 255).
Von diesem Prinzip der Vereinigung aus versucht Teilhard
die ganze Entwicklung des Universums zu betrachten. «In der
materiellen Welt vereinen die Monaden (d. h. jene natürliche

Einheit) wenig und schlecht: deshalb sind sie im Vergleich zu den Lebewesen im eigentlichen Sinne so maßlos stabil. Bei den Tieren vereinen sie mehr – genug, um sehr zerbrechlich zu sein, zu wenig, um dem Zerfall zu widerstehen, der ihnen auflauert. Im Menschen allein vereint unseres Wissens der Geist die Universalität des Universums so vollkommen um sich, daß trotz der vorübergehenden Auflösung seines organischen Stützpunktes nichts mehr den ‹Vortex› (Strudel) des Wirkens und des Bewußtseins zu zerstören vermöchte, deren subsistentes Zentrum er ist. Die menschliche Seele ist der erst endgültige Halt, an dem das durch die Schöpfung in Richtung Einheit emporgehobene Viele sich anzuklammern vermag» (Teilhard de Chardin, *Wissenschaft und Christus*, 76). Dank des Geistes gelingt dem Menschen die Vereinigung der größten Vielheit. Als Produkt der Evolution ist so der Mensch das komplexeste Gebilde dieser Evolution. «Wie eine von zahllosen Zentren ausstrahlende Sphäre scheint die materielle Welt heute gewissermaßen am geistigen Bewußtsein der Menschen zu hängen» (ebd. 76). Doch es ist nicht zu übersehen, daß die Welt, die wir wahrnehmen, der Mensch mit eingeschlossen, noch zutiefst unstabil und unvollendet ist. Sie ist unstabil, weil die einzelnen Menschen ein schwankendes Vieles bilden, das eines gemeinsamen Zentrums bedarf, um zu halten. Sie ist unvollendet, weil eben ihre Vielheit sowohl eine Schwäche darstellt, als auch eine Zukunftskraft und Zukunftshoffnung aufleuchten läßt. Das heißt, gerade die vom Menschen erlebte Pluralität birgt in sich die Erwartung einer weiteren Einswerdung im Geist. Aufgrund des Gewichtes der ganzen vergangenen Evolution, betrachtet unter dem Gesichtspunkt wachsender Vereinigung, sind wir gezwungen oder zumindest berechtigt «höher hinauf zu blicken, in den Reihen des Geistigen, selbst über uns Menschen hinaus» (ebd. 77).

Bevor wir aber auf diese, den menschlichen Bereich übersteigende, Vereinigung eingehen, müssen wir einen weiteren

Aspekt des teilhardschen Vereinigungsbegriffes betrachten. Die Vereinigung, wie sie von Teilhard verstanden wird, verbindet nicht nur die Elemente untereinander, ohne sie zu vermischen, sie differenziert sie auch und bringt sie so erst zu ihrer eigenen Vollendung. Echte Vereinigung verwandelt zugleich das zu Vereinigende. Daher spricht Teilhard von *schöpferischer* Vereinigung oder von *schöpferischer Transformation*. Je neuer und höher die zu bewirkende Einheit ist, um so tiefer ist die «schöpferische Umwandlung» (vgl. Adolf Haas, in: *Teilhard de Chardin-Lexikon*, 1,238). Jede neue Einheit verlangt zu ihrer Entstehung ein Überschreiten der Schwelle, und durch jede Überschreitung wird etwas Neues geschaffen. Beides ist zu beachten, das Überschreiten und die Neuschaffung. Beim Überschreiten wird notwendigerweise etwas zurückgelassen, und wenn es nur der Status quo ist. Jenseits der Schwelle ist nicht mehr das was diesseits war. Das vereinte Element ist nach der Vereinigung nicht mehr das, was es vorher war. So verlangt jede neue Vereinigung die Bereitschaft zum Loslassen, und jedes Loslassen hat etwas mit Absterben zu tun.

Dies ist aber nur der eine Aspekt. Loslassen, Aufgeben, Tod stehen im Dienst des Überschreitens, des Neuwerdens. Diese Neuwerdung versteht Teilhard aber nicht als den zweiten Schritt, sondern im Augenblick des Loslassens ereignet sich das Neuwerden. Loslassen, Vereinigung, Neuwerdung sind zeitlich nicht abzutrennen. Vielmehr geschieht im Augenblick der Vereinigung das Loslassen des Bestehenden durch Neuwerdung. So schreibt Teilhard: «Sich vereinen heißt: in allen Fällen teilweise in das auswandern und sterben, was man liebt» (Teilhard de Chardin, *Das göttliche Milieu*, 87). Tod ist für ihn nicht einfach ein Sterben. «Je mehr ich darüber nachdenke, desto mehr finde ich, daß der Tod durch den großen Einbruch und das Eindringen von ganz Neuem, das er in unserer individuellen Entwicklung darstellt, eine Befreiung und eine Erleichterung ist – sogar des wesentlich Schmerzlichen, das er mit sich bringt (da er wesentlich erneuernd ist und uns dem Alten entreißt)» (Teilhard de Chardin, *Entwurf und Entfaltung*, 190). Und in einem anderen Brief schreibt er: «Die Natur erweckt in uns das Verlangen zu sterben, damit wir endlich sehen, was in ihr ist» (ebd. 259). Teilhard weist dabei auf Baudelaire hin, der diesen Gedanken in seinen «Fleurs du Mal» folgendermaßen ausdrückt: «Mourir pour atteindre enfin à du nouveau» – Sterben, um endlich zu Neuem zu gelangen.

c) Der Christus universalis als Symbol der endgültigen Vereinigung

Das endgültig Neue drückt sich für Teilhard aus im Symbol des Christus universalis oder des kosmischen Christus. In ihm kommt das zum Ausdruck, was er schon in seinen Visionen geschaut und auszudrücken versucht hat. Da es ein Neues ist, das den menschlichen Bereich übersteigt, ihn transzendiert, kann es nicht anders als symbolisch ausgedrückt werden. Symbole aber werden, wie Jung sagt, nicht gemacht, sie drängen sich auf. Sind sie lebendig, dann ist der von ihnen Betroffene überwältigt, hingerissen. Dies zeigt sich bei Teilhard sehr deutlich. Wann immer er auf seinen Christus universalis zu sprechen kommt, verwandelt sich seine Sprache. Sie wird zum Gebet, zu einer Art Liebesgestammel, zum Ausdruck der Anbetung. Vom Standpunkt der Wissenschaft mag dies ärgerlich erscheinen, doch es ist die einzige Form, die Teilhard zur Verfügung steht, um das Symbol des Christus universalis zur Sprache zu bringen. Hier ist er nicht mehr der distanziert beobachtende und analysierende Naturwissenschaftler, er ist auch nicht der sich überall absichernde Theologe. Indem er versucht, das Symbol des Christus universalis zur Sprache zu bringen, reiht er sich ganz natürlich in die Schar der Mystiker ein, wo immer wir auf sie stoßen mögen.

Doch die vorangegangenen Ausführungen ermöglichen uns dennoch, die Struktur des Christus universalis aufzudecken. Da es bei ihm um die Vereinigung des Göttlichen und des Kosmischen geht, muß diese der Struktur jeder echten Vereinigung entsprechen, das heißt, im Christus universalis sind Gott und Kosmos miteinander verbunden, ohne sich durch die Vereinigung zu vermischen. Im Gegenteil, dank der Vereinigung gelingt erst die endgültige Differenzierung. Erst durch diese Differenzierung verwirklicht sich die Vollendung beider Pole. Die Vereinigung affiziert nicht nur das kosmische Element, sondern auch Gott, so daß Teilhard einmal von einer *Theogenese* sprechen konnte. Dies mag überraschen, doch hier ist nicht die Rede von Gott an sich, über den ja gar nicht geredet werden kann, sondern über unsere Vorstellung von Gott, die durch das Symbol des Christus universalis eine kosmische Dimension erhält, indem eben diese kosmische Wirklichkeit in ihm aufgehoben ist. Damit hat Teilhard den Gedanken akzeptiert, zu dem Ulrich Mann die Theologen auffordert: «Daß Gott sich so sehr in der Welt inkarniert und in der Psyche inanimiert hat, daß er selber mit Welt und Psyche mitwachsen will» (Ulrich Mann, in: C. G. Jung und die Theologen, 22). Doch Vereinigung bedeutet, wie wir gesehen haben, noch mehr. Je neuer und höher die zu bewirkende Einheit ist, um so tiefer ist die schöpferische Umwandlung. Im Christus universalis, dem Symbol der endgültigen Vereinigung, ist die kosmische Wirklichkeit nicht mehr die, wie sie uns heute begegnet, obwohl sie nichts von ihrer Wirklichkeit verliert, und auch die göttliche Wirklichkeit ist nicht mehr das, wofür wir sie jetzt halten. Hier, wo vom Schöpferischen, das im Symbol des Christus universalis enthalten ist, gesprochen werden soll, versagt die Sprache, da sie, als zeitgebundene, unfähig ist, das Neue, das jenseits von Raum und

Zeit ist, zur Sprache zu bringen. Es ist das gleiche Mysterium, das schon im 1. Johannesbrief ausgedrückt wird, wo es heißt: «Es ist noch nicht in Erscheinung getreten, was wir sein werden, wir wissen aber, wenn es in Erscheinung tritt, so werden wir ihm ähnlich sein; denn wir werden ihn sehen, wie er ist» (1. Joh. 3,2). Auch Teilhard ist dieses endgültig Neue nicht erschienen, im Symbol des Christus universalis wurde er aber von ihm gepackt. Tastend hat er versucht, es zu durchleuchten, ohne es endgültig erhellen zu können.

4. Vergleich zwischen Selbst und Christus universalis

Das Postulat des Selbst ist keine Erfindung des an seine Grenzen stoßenden Ich, sondern eine Aussagenotwendigkeit aufgrund von realer Erfahrung. In einem Brief an Pfarrer Walter Bernet schreibt Jung: «Wenn ich dieses Unerkennbare ‹Selbst› nenne, so ist damit nichts geschehen, als daß die Wirkungen des Unerkennbaren einen gesamthaften Namen erhalten haben, aber inhaltlich ist dadurch nichts präjudiziert. Ein unbekannt großer Teil meines eigenen Seins ist zwar darin eingeschlossen, aber ich kann, weil er das Unbewußte ist, dessen Grenzen und Erstreckung nicht angeben. Deshalb ist das Selbst ein *Grenzbegriff*, der von den bekannten psychischen Vorgängen bei weitem nicht erfüllt ist» (C. G. Jung, *Briefe* II, 456).

Von hier aus vermag die Paradoxie, welche dem realen Selbstverstehen Jungs eigen ist, in den Blick zu kommen. Man könnte sagen, daß das Selbst die vorhandene, jedoch nicht völlig erfaßbare Gesamtpersönlichkeit des Menschen ist. Beides ist gleichermaßen gültig. Die Nichtfaßbarkeit des Personganzen will sagen, daß «das Selbst eine dem bewußten Ich übergeordnete Größe (ist). Es umfaßt nicht nur die bewußte, sondern auch die unbewußte Psyche und ist daher sozusagen eine Persönlichkeit, die wir auch sind» (C. G. Jung, *GW.* 7, 195). Wollte der Mensch über sein Selbst verfügen, müßte ein Teil der Psyche, nämlich das Ich, das Ganze, also auch das Unbewußte begreifen können. So schreibt Jung: «Es besteht auch keine Hoffnung, daß wir je auch nur eine annähernde Bewußtheit des Selbst erreichen, denn, soviel wir auch bewußt machen mögen, immer wird noch eine unbestimmte und unbestimmbare Menge von Unbewußtem vorhanden sein, welches mit zur Totalität des Selbst gehört. Und so wird auch das Selbst stets eine uns übergeordnete Größe bleiben» (ebd. 196).

Dennoch gilt: der Mensch ist auch das Selbst. Dies bedeutet, daß das Selbst nirgendwo anders als im Ich zum Verstehen kommt. Die erfahrbare und erkennbare Wirklichkeit des Selbst ist nichts anderes als – das Ich. Allerdings: das Ich in einem ganz bestimmten Verständnis, nämlich als das individuierte Ich, das «sich als Objekt eines unbekannten und übergeordneten Subjektes» erfährt und begreift (ebd. 263). Daraus folgt: Das Selbst-Sein als Selbst-Verstehen des Ich ist Ereignis, ist Gnade. Es widerfährt dem Ich.

Auf die Frage, welche Realgestalt das widerfahrende Selbstverstehen habe, antwortet Jung, wie nicht anders zu erwarten, mit dem Hinweis auf bestimmtgestaltige, symbolische Bilder der Psyche. Alles, was vom Wesen des Selbst gesagt werden kann, besitzt hier seine empirische Begründung. Die Bild-Gestalt der in Träumen, Imaginationen oder Visionen auftauchenden Selbst-Symbole weist vor allem eine Entsprechung zur Figur des *Mandala* auf. Wir sind auf diese Gestalten schon oben gestoßen. Jung hat die Symbole des Selbst als «vereinigende Symbole» bezeichnet (vgl. C. G. Jung, *GW.* 6, 201–292). Was in den Bildern des Selbst zum Verstehen kommt, ist das Geschehen der Synthese von Unbewußtem und Bewußtsein, von Weiblichem und Männlichem, von Dunklem und Hellem, von Inferiorem und Superiorem, von

Gott und Kosmos, kurz, die psychische «coincidentia oppositorum» (Vereinigung der Gegensätze).

Die Unbedingtheit und Unüberbietbarkeit der Erfahrung des Selbst läßt Jung sprachlich und sachlich ausgreifen auf den Bereich des Religiösen. Selbst-Verstehen ist für ihn religiöses Verstehen, Offenbarung. Jung meint dies – hierin Rudolf Otto nahestehend – im Sinne einer Definition von Religion, die nicht bewußte Zustimmung oder Zugehörigkeit zu einem formulierten Bekenntnis oder Offenbarungszeugnis bedeutet, sondern «die besondere Einstellung eines Bewußtseins, welches durch die Erfahrung des Numinosum verändert worden ist» (C. G. Jung, *GW. 11*, 5). Der formale Grund, weshalb Jung die Symbole des Selbst mit dem Gottes-Bild gleichsetzen konnte, sieht er darin, daß die Bilder des Selbst in ihrem unbedingten und unüberbietbaren Betreffen nicht mehr zu steigern sind. Wenn das menschliche Reden von Gott einer realen, erfahrbaren und erkennbaren Wirklichkeit entsprechen soll, welche die aller Wirklichkeit mächtige Macht und Wirklichkeit existentiell ausdrückt, gibt es nichts anderes, was diesen Namen verdient. Dies zwingt Jung zum nächsten Schritt: Wenn von Gott verstehend immer nur geredet werden kann auf dem Grund des Gottesbildes, welches mit dem Bild des Selbst koinzidiert, muß die Psyche eine Beziehungsmöglichkeit zum Wesen Gottes in sich haben, sonst könnte ein Zusammenhang nie zustandekommen. Diese Entsprechung ist, psychologisch formuliert, der Archetypus des Gottesbildes.

Daraus folgt: In der Koinzidenz von Selbst und Gottesbild offenbart sich die *imago Dei*, die Gottesebenbildlichkeit des Menschen in des Wortes eigentlicher und doppelter Bedeutung: als göttliches Bild des Menschen *und* als menschliches Bild Gottes. Damit wären wir wieder bei Teilhard de Chardin und seinem Christus universalis als Symbol des Selbst.

Individuationsprozeß und Werden des Christus universalis

1. Der Individuationsprozeß bei C. G. Jung

a) Individuation als die Geschichte des Selbst

In dem Buch «*Erinnerungen, Träume, Gedanken*» hat Jung den Individuationsprozeß das «Zentrum» seiner Psychologie genannt (vgl. C. G. Jung, *Erinnerungen, Träume, Gedanken*, 213). Auf diesen Geschehensvorgang stieß er aufgrund der Erfahrungen und Erkenntnisse psychischer Wandlungen beim Zusammenspiel des Unbewußten mit dem Bewußtsein. Sie zeigten Jung die Geschichte der Selbstwerdung des einzelnen Menschen an. Jung schreibt: «Individuation bedeutet: zum Einzelwesen werden, und, insofern wir unter Individualität unsere innerste, letzte und unvergleichbare Einzigartigkeit verstehen, zum eigenen Selbst werden. Man könnte ‹Individuation› darum auch als ‹Verselbstung› oder als ‹Selbstverwirklichung› übersetzen» (C. G. Jung, *GW.* 7, 191). Jungs Erfahrungen und Erkenntnisse der psychischen Wandlungsvorgänge erhellen zunächst, daß Individuation als solche einen natürlichen, allem Lebendigen innewohnenden Prozeß darstellt. Sekundär, der Natur zur Seite stehend, kann sie beim Menschen auch zum bewußt erlebten und geförderten Vorgang werden. Der natürlich-autonome Prozeß der Individuation meint das Sich-Durchsetzen der lebendigen Wirklichkeit auf das ihr a priori mitgegebene, potentiell ständig anwesende Ziel. Beim Menschen ist dieses Ziel die ganze,

«gerundete» Individualität, in der sich nach Jung Unbewußtes und Bewußtsein, Naturziel und Kulturziel, Geist, Seele
und Leib im größtmöglichen Zusammenklang befinden.
Doch die Wirklichkeit des menschlichen Daseins zeigt, daß,
vor allem heute, dieser natürlich-autonome Individuationsprozeß gewöhnlich nicht zum Austrag kommt, weil der
Mensch ihm Widerstand leistet. Jung sieht es als eine entscheidende Lebens-Aufgabe an, dem Individuationsprozeß
zum Sieg zu verhelfen. Jung hat dabei mehrfach auf die unab-
dingbare Funktion des Bewußtseins in diesem Prozeß hingewiesen. Zwar «liegt die Führung beim Unbewußten, beim
Bewußtsein aber die Kritik, die Wahl und die Entscheidung»
(ebd. 121).
Die Individuation umfaßt das gesamte Leben des Menschen.
Sie besitzt aber in jedem Lebensaugenblick eine besondere
Gestalt. In der Lebensmitte erkennt Jung einen entscheiden-
den Einschnitt des Prozesses. Dieser Einschnitt offenbart,
daß die Individuation zwei Grundrichtungen besitzt, deren
tragende Elemente im Gegensatz zueinander stehen und
kompensatorisch aufeinander bezogen sind. Die «Kehre» in
der Lebensmitte vermag besonders deutlich das Wesen der
Individuation zu signalisieren. Der wichtigste Grund dafür
liegt im Zusammenstoß erster Erfahrungen des Alterns mit
dem weiterhin vorhandenen Möglichkeiten zur Expansion
des Lebens. Zahllose Traumbeispiele haben Jung gezeigt,
daß das Unbewußte in dieser Erfahrung dem Bewußtsein weit
vorauseilt. So schreibt er: «Das, was in der geheimen Stunde
des Lebensmittags geschieht, ist die Umkehr der Parabel,
DIE GEBURT DES TODES. Das Leben der zweiten Lebenshälfte heißt nicht Aufstieg, Entfaltung, Vermehrung,
Lebensüberschwang, sondern Tod, denn sein Ziel ist das
Ende. Seine-Lebenshöhe-nicht-Wollen ist dasselbe wie Sein-
Ende-nicht-Wollen. Beides ist: Nicht-leben-Wollen. Nicht-
leben-Wollen ist gleichbedeutend mit Nicht-sterben-Wollen.

Werden und Vergehen ist dieselbe Kurve» (C. G. Jung, *GW. 8*, 466).
Die einzelnen Schritte des Individuationsprozesses sind keine kontinuierlich-zielstrebige Abfolge. Progression und Regression, Entwicklung und Wiederholung, Drängerisches und Einhaltendes wechseln sich ab. Dennoch hat Jung, aufs Große und Ganze gesehen, bestimmte Stufen des Individuationsprozesses erhellt.

b) Begegnung mit der Persona

Der Mensch ist, wenn er auf die Welt kommt, in psychischer Hinsicht keineswegs eine «Tabula rasa», sondern birgt alle seine späteren Wirklichkeiten und eine Fülle nichtverwirklichter Möglichkeiten, mindestens in der Weise subjektiver Bereitschaft, in sich. Gestaltwerden und Festigung des Ich geschehen als Differenzierungsvorgang der individuell herrschenden Bewußtseinsfunktion sowie des allgemeinen Einstellungstypus. Diese bilden auch die Materialien des persönlich bewußten Ausschnitts aus der Kollektivpsyche, der sog. *Persona*. Dabei ist die Persona selber nichts Wirkliches, sondern eine Art psychisches Werkzeug des Ich für sein Umweltverhalten und seine Anpassung an die Umwelt. Das Ich kann sich dabei völlig mit seiner Persona identifizieren, was Konflikte heraufbeschwört. Das *Ichbewußtsein* zu gestalten und zu festigen, ist eine Notwendigkeit. Dazu schreibt Jung: «Es gehört zur Unterscheidung des Ich und des Nicht-Ich, daß der Mensch in seiner Ich-Funktion auf festen Füßen stehe, d. h. seine Pflicht gegenüber dem Leben erfülle, so daß er in jeder Hinsicht ein lebensfähiges Glied der menschlichen Gesellschaft ist» (C. G. Jung, *GW.* 7, 79). Daraus ergibt sich notwendig eine Einseitigkeit, da Lebensmöglichkeiten verdrängt werden. Diese Einseitigkeit hilft zwar, die eigene Existenz und das Weltverhalten zu gewinnen, aber sie muß mit einer Anreicherung des Unbewußten durch diese verdrängten und nicht bewußtgemachten persönlichen psychischen Elemente bezahlt werden. Doch auch darin liegt ein Keim zum Positiven. Die einseitige Einstellung des Bewußtseins bewirkt Reaktionen von seiten des Unbewußten. Und in diesen kommen neben persönlichen Verdrängungen die tieferen Ansätze der Individualentwicklung zum Austragen. Darauf weist Jung hin, wenn er schreibt: «Sein (des unbewußten Selbst) Einfluß erscheint zunächst in der besonderen Art der kontrastierenden und kompensierenden Inhalte des Unbewußten. Die rein persönliche Einstellung des Bewußtseins bewirkt Reaktionen von seiten des Unbewußten, welche neben persönlichen Verdrängungen Ansätze zur Individualentwicklung, unter der Hülle von kollektiven Phantasien, enthalten. Durch die Analyse des persönlichen Unbewußten wird das kollektive Material zugleich mit den Elementen der Individualität dem Bewußtsein zugeführt» (ebd. 173 f).

c) Die Begegnung mit dem Schatten

Jung nennt das Gesamt der beim Ich-Aufbau ins Unbewußte verdrängten, nicht realisierten persönlichen Elemente den *Schatten*. Der Schatten ist gleichsam das Spiegelbild des Ich, das «Alter ego» jedes Menschen. Dies meint Jung, wenn er schreibt: «Jedermann ist gefolgt von seinem Schatten, und je weniger dieser im bewußten Leben des Individuums verkörpert ist, um so schwärzer und dichter ist er ... Wir tragen unsere Vergangenheit mit uns, nämlich den primitiven und inferioren Menschen mit seinen Begehrlichkeiten und Emotionen» (C. G. Jung, *GW. 11*, 83). Kraft seiner gemischten Herkunft aus Verdrängtem und nichtrealisiertem Persönlichen ist der Schatten aber nichts absolut Negatives. «Wenn die verdrängten Tendenzen des Schattens nichts als böse wären, so gäbe es überhaupt kein Problem. Aber der Schatten ist in der Regel nur etwas Niedriges, Primitives, Unangepaßtes und Mißliches, und nicht absolut böse. Er enthält auch kindische (kindliche?) oder primitive Eigenschaften, die in gewisser Weise die menschliche Existenz beleben und verschönern würden» (ebd. 85). Andererseits können sich ihm Züge des kollektiven Schattens anschließen, als welche Jung die in einer bestimmten Zeit allgemein als schlecht verteufelten Lebenswirklichkeiten bezeichnet, welche die Entstehung des persönlichen Schattens mitkonstellieren.

Der Schatten ist das Eingangstor zur Entwicklung der vollen Individualität, doch dies nur, wenn er angenommen, das heißt, wenn er bewußt gemacht wird. Jung schreibt: «Wenn eine Minderwertigkeit bewußt ist, hat man immer eine Chance, sie zu korrigieren . . . Aber wenn sie verdrängt und aus dem Bewußtsein isoliert ist, wird sie niemals korrigiert . . . Eine bloße Unterdrückung des Schattens ist ebensowenig ein Heilmittel, wie Enthauptung gegen Kopfschmerzen» (ebd. 83).

Dies ist also der zweite Schritt der Individuation: Konfrontation mit dem eigenen Schatten, Zurücknahme der während der Unbewußtheit des Schattens zumeist auf andere Personen, oft auch auf Dinge oder Verhältnisse projizierten, eigenen unangepaßt-negativen Seite, Interpretation des Dunklen in uns selbst. Für die meisten Menschen ist dies eine sehr schwierige, wenn nicht gar zu schwierige Aufgabe. Denn sie bedeutet nicht einfach das intellektuelle Wissen um ein Inferiores in uns, sondern das Teilen des Daseins mit dem eigenen Widerpart, aber dies ist die conditio sine qua non für ein Weiterschreiten der Individuation.

137

d) Die Interpretation der gegengeschlechtlichen Archetypen von Anima und Animus

Das Weiterschreiten kann nach dem Gesagten nur eine tiefer reichende Begegnung mit dem Unbewußten sein. Den nächsten Schritt der Individuation nennt Jung die Integration der gegengeschlechtlichen Archetpyen von *Anima* und *Animus* (in der östlichen Weisheit Yin und Yang: siehe Umschlagbild). Mit diesen Begriffen bezeichnet Jung die unbewußten, über das Individuelle ins Kollektive ausgreifenden Imagines des Weiblichen (beim Mann) und des Männlichen (bei der Frau) als die umfassendsten Komplexe jeder Psyche, von denen wir Kenntnis haben. Die empirische Realität, die Jung mit diesen beiden Namen bezeichnet, steht außer Zweifel. Es handelt sich um den Gesamtausdruck der antithetischen Tiefe zur individuell-bewußtheitlichen Psyche, um den «ganz anderen Menschen», der wir immer auch sind.

Die Frage, wie diese gegengeschlechtlich-antithetische Tiefe der bewußten Psyche zustande kommt und wie sie beschaffen ist, ist nicht einfach zu beantworten. Jung meint, daß sicher beim erwachsenen Menschen immer auch ein Niederschlag der faktischen Begegnungen mit Menschen des anderen Geschlechts im Unbewußten stattfindet (vgl. (C. G. Jung, *GW.* 7, 207ff). Machtvoller als dies wirkt sich jedoch die Tatsache aus, daß jeder Mensch auch biologisch die Züge des anderen Geschlechts in sich und an sich trägt. Diese Züge sucht er – vor allem bei der Ausbildung seiner Persona – zu verdrängen. Über diesen individuell-historischen Aspekt hinaus trägt jeder Mensch aber auch ein kollektives Bild des Weiblichen oder Männlichen im Unbewußten, gleichsam die «Niederschläge aller Erfahrungen der Ahnenreihe, aber nicht diese Erfahrungen selbst» (ebd. 209).

Sind Anima und Animus so zunächst psychische Wirklichkeiten, welche der Entfaltung der Individualität dienen, so fordert die zweite Lebenshälfte nach Jung den Zurückzug der Projektionen und die Integration der antithetischen Tiefe der eigenen Psyche ins Bewußtsein und Sein. Dieser Prozeß rührt fraglos an den Grundfesten des Daseins. Einen ersten Schritt dazu bildet nach Jungs Ansicht die «Objektivation der Anima» bzw. des Animus, das heißt ihre Anerkennung als die antithetische «Persönlichkeit», die sie in Wahrheit darstellt (vgl. ebd. 220ff). Ist dies geschehen, geht es um eine effektive «Technik» des Dialogs, des Lautwerdenlassens ihrer Wirklichkeit und des Antwortens. Dafür gibt es allerdings keine feste Regel. Wo immer aber die Integration von Anima oder Animus geschieht, erwachsen aus ihr neue, schöpferische Kräfte.

e) Die Begegnung mit dem Archetypen des Alten Weisen und der Großen Mutter

Diese schöpferischen Kräfte zeigen sich an in einem vierten Schritt der Individuation, der Begegnung mit den Archetypen des *Alten Weisen* und der *Großen Mutter*. Damit kehrt die psychische Entwicklung gleichsam auf bewußter Stufe an den Ort zurück, den sie unbewußt im Kindesalter mit der Projektion und Distanzierung des Vater-Mutter-Archetyps hinsichtlich der leiblichen Eltern bereits einmal innehatte. Das Bewußtmachen dieser Archetypen «bedeutet für den Mann die zweite und wahrhafte Befreiung vom Vater, für die Frau die von der Mutter und damit die erstmalige Empfindung einer eigenen Individualität» (ebd. 257f). Beim Mann ist dies gleichbedeutend mit der Erfahrung des Sinn-, Geist- oder Logos-Prinzips des Lebens und so mit dem ursprunghaft-endgültig Männlichen; für die Frau bedeutet es die Erfahrung des Seins-, Stoff- oder Eros-Prinzips und damit des ursprunghaft Weiblichen. Jung spricht davon, daß die Begegnung mit den Archetypen des Alten Weisen oder der Großen Mutter beim Menschen eine Art «Mana-Persönlichkeit» herausbildet, die ihn zu einem überlegeneren, erweiterten, «höheren» Bewußtsein führt. Dies geschieht mit numinoser Gewalt. Verständlich ist daher die Gefahr, daß der Mensch von seiner Mana-Persönlichkeit überwältigt wird und in Hybris nun sein Ich verlieren kann. Dort aber, wo Alter Weiser oder Große Mutter interpretiert werden, kommt es zum fünften und letzten Schritt der Individuation, zur *unio oppositorum* (Vereinigung der Gegensätze), zur Synthese der unbewußten und bewußten psychischen Wirklichkeit nach Maßgabe des allgemein menschlichen und individuellen Vermögens, welches Jung als das Ereignis der Selbst-Werdung versteht.

2. Auf dem Weg zu Christogenese

Teilhard gebraucht das Wort Individuation nicht, doch auch er hat sich mit dem Werden des Christus universalis auseinandergesetzt. Dies vor allem in seinem Werk «*Das göttliche Milieu*». Es ist das erste Manuskript, das er sich als Buchveröffentlichung wünschte. Seine Botschaft sollte nicht als die Form eines politischen Manifestes verstanden werden, sondern als sein persönliches Glaubensbekenntnis. So schreibt er am 14. November 1926 an Ida Treat: «Ich beginne in einer möglichst einfachen Form – mit der Absicht, ernsthaft die Veröffentlichung zu versuchen – meinen religiösen Standpunkt niederzuschreiben, nicht als systematische Theorie, sondern als praktische Haltung. Titel: Das göttliche Milieu, und ich versuche zu zeigen, wie das Christentum das menschliche Leben mit Gott erfüllen kann und muß, ohne es zu enthumanisieren. Sie sind vielleicht enttäuscht, daß ich anstelle des Buches von der Erde ein ‹frommes› Buch schreibe. Doch ich habe auf das Buch der Erde deswegen nicht verzichtet. Wenn ich das andere beginne, so deshalb, weil es seit langem in meinem Geist fertig ist und weil die Ruhe von Tien-tsin mir plötzlich als die erwartete Gelegenheit erschienen ist, schriftlich festzulegen, was ich seit langem sage. Es hat nichts von einer Predigt an sich, und es ist der ehrlichste Ausdruck meines christlichen Denkens. Ich sagte es Ihnen im Oktober, ich fühle, daß ich an den Punkt gekommen bin, wo ich versuchen muß, mitzuteilen, was ich seit zehn Jahren ruhiger innerer Verzauberung gesehen habe» (Teilhard de Chardin, *Briefe an eine Marxistin*, 66f).

Das Buch ist geschrieben worden für die Unruhigen, in der Kirche und außerhalb, das heißt für jene, die, statt sich der Kirche ganz zu übergeben, ihr nur am Rande angehören oder sich gar von ihr entfernen, indem sie hoffen, über sie hinauszuwachsen. In diesem Sinne schreibt er am 14. Februar 1927 an Ida Treat: «Ich möchte sicher sein, daß Sie sich nicht allzusehr darüber aufgeregt haben, daß ich vom Institut Catholique vor die Tür gesetzt wurde. Im Grunde, ich weiß, finden Sie mich, wie Boule, wie viele andere Freunde, schwach, und vielleicht achten Sie mich weniger, weil ich nicht die (für mich doch so befreiende) Geste tue, diejenigen fallenzulassen, die mich daran hindern zu sagen, was ich sehe. Verstehen Sie mich recht: bei dieser ganzen Angelegenheit geht es mir nur um eines, und nur eines lenkt mich dabei: versuchen, dem Leben so treu wie möglich zu sein. Ich habe Ihnen schon gesagt, vor meinem Geist wächst die Welt, ganz besonders die humane Welt – ich möchte fast sagen von Woche zu Woche. Doch je mehr sie vor mir diese Eindeutigkeit und Konsistenz gewinnt, um so mehr erkenne ich, daß sie nur in dem Bemühen in Richtung eines Göttlichen Bestand haben kann. Wäre es für mich logisch, wenn ich, durch einen Bruch mit der Kirche, ungeduldig das Wachsen des christlichen Triebes forcierte, von dem ich überzeugt bin, daß sich in ihm der Saft der Religion von morgen vorbereitet? Ich bin

Gefangener in der Kirche aufgrund eben der Anschauungen, die mir ihre Unzulänglichkeiten aufdecken. Ist das nicht ein wenig dramatisch oder komisch? Helfen Sie mir, indem Sie mir Vertrauen schenken. Ich weiß noch nicht, was für eine Existenz ich führen werde ... Ich bin entschlossen, mit rückhaltlosen Optimismus vorwärtszugehen ... In dieser Hinsicht habe ich eine innere Entdeckung gemacht (oder, genauer, mit größerer Klarheit von neuem gemacht). Im Grunde wollte ich nicht so sehr eine Theorie, ein System, eine Weltanschauung verbreiten, sondern eine gewisse Lust, eine gewisse Wahrnehmung der Schönheit, des Pantheistischen, der Einheit des Seins ... Da ich mich nehme, wie ich bin, sehe ich nichts Besseres zu tun, als mich darauf zu versteifen, den Menschen mit allen Mitteln die Menschheit zu enthüllen» (ebd. 78 ff). Doch Rom erfüllte seinen Wunsch nicht. Es blieb das Verbot einer Drucklegung mit dem Hinweis, es sei im großen und ganzen zwar orthodox, aber wegen der neuen Perspektiven den Gläubigen nicht zumutbar.

a) Der menschliche Einsatz auf dem Weg zum Christus universalis

Teilhard unterscheidet zwei Wege der Christogenese, die Wege des Tuns und die Wege des Erleidens. Es geht ihm dabei darum, «wahrzunehmen, wie es ohne die geringste Konzession an die ‹Natur›, vielmehr nur aus dem Verlangen nach größerer Vollkommenheit möglich ist, die Gottesliebe und die gesunde Liebe zur Welt, das Bemühen um Loslösung und das Bemühen um Entwicklung miteinander zu versöhnen und dann das eine durch das andere zu nähren» (Teilhard de Chardin, *Das Göttliche Milieu*, 31). Die traditionell überlieferte Zweiteilung von aktiv und passiv, wobei dem passiven Erleiden eindeutig der Vorzug gegeben wurde, genügte ihm nicht mehr. Dazu fühlte er sich zu sehr als «Sohn der Erde». Für Teilhard gehört beides zusammen. Dies vor allem deswegen, weil Gott «in jeder Seele ... zu einem Teil die ganze Welt liebt und rettet, die diese Seele auf eine besondere und unmittelbare Weise zusammenfaßt» (ebd. 42). So kommt er zur Behauptung: «Kraft des durchgehenden Zusammenhangs Materie – Seele – Christus, bringen wir, *was immer wir auch tun*, Gott eine Partikel des Seins, das er wünscht. Durch jedes unserer *Werke* arbeiten wir atomhaft, aber wirklich daran, das Pleroma zu errichten, d. h. Christus ein kleines Teil Vollendung zu bringen» (ebd. 45).

Hier scheint Teilhard die Bedeutung des Ich-Bewußtseins sehr deutlich zu sehen. Die Selbstwerdung, so haben wir bei Jung erkannt, steht unter der Führung des Bewußtseins. So auch die Christogenese. Der Mensch muß alles tun, durch den Einsatz all seiner Kräfte, um den Christus universalis zur Erscheinung zu bringen. So schreibt Teilhard: «Das menschliche Bemühen muß bis in seine unrichtig profan genannten Bereiche innerhalb des christlichen Lebens den Platz eines heiligen und einigenden Vollzugs einnehmen. Es ist die vor Liebe bebende Mitarbeit, die wir den göttlichen Händen leisten, die damit beschäftigt sind, uns zu schmücken» (ebd. 103).

b) Das Erleiden des Christus universalis

Im Tun arbeiten wir mit an der Christogenese, doch indem wir den göttlichen Händen Hilfe leisten, sind sie damit beschäftigt «uns zu schmücken». Hier taucht die Rolle des Erleidens auf. Auch darauf hat Jung hingewiesen, für den die Initiative der Individuation beim Unbewußten liegt. Teilhard schreibt: «Das Erleiden, die Passivitäten begleiten zunächst unaufhörlich unser bewußtes Wirken als die lenkenden, tragenden oder unserem Bemühen entgegenwirkenden Reaktionen» (Teilhard de Chardin, *Das Göttliche Milieu*, 69). Dies ist wohl so zu verstehen, daß das Ziel immer schon da ist, den Menschen drängend, antreibend und korrigierend. Je mehr der Mensch sich diesen Kräften ausliefert, sich ihnen anpaßt, um so schneller kann sich der Christus universalis verwirklichen.

Damit scheint mir offensichtlich zu sein, daß der Individuationsprozeß C. G. Jungs und die Christogenese Teilhard de Chardins eng miteinander verwandt sind. Beide sprechen ihre Sprache, vertreten ihren Standpunkt, wissen wenig voneinander. Und doch widersprechen sie sich nicht, sondern können sich gegenseitig ergänzen und so dem Menschen helfen, der auf der Suche nach dem Sinn seines Lebens ist.

Anmerkungen

1 *Konvergenz* ist heute besonders ein methodischer Begriff, der besagt, daß Erkenntnis nicht nur aus dem direkten Sichzeigen der Sache gewonnen wird, sondern vor allem aus dem Zusammenstreben mehrerer Gründe. Diese Konvergenz gründet darin, daß der Mensch das Seiende nicht allumfassend und auf einmal erfaßt. Kardinal J. H. Newman vergleicht die Konvergenz mit der Tragkraft eines Kabels, das aus mehreren Drähten hergestellt ist, jeder für sich ist zu schwach, zusammen aber so stark wie eine Eisenstange (vgl. Adolf Haas, Teilhard de Chardin-Lexikon, 2,67f

2 *Divergenz* bedeutet bei Teilhard de Chardin, in einem allgemeinen Sinne verstanden: die Entfaltung von Eigenschaften eines Einzelwesens oder einer kosmischen Entwicklungsphase (z. B. Biogenese), die Verwirklichung von Fähigkeiten (Potenzen), die jedes einzelne in seinem Sonderdasein erscheinen lassen gegenüber anderen Wesen, die vom gleichen Ursprung herkommen . . . Je mehr sich die Einzelwesen vom Ursprung entfernen, um so verschiedener werden sie, das heißt, ihre Divergenz wächst (vgl. Adolf Haas, Teilhard de Chardin-Lexikon, 1,227f).

3 In der Übersetzung von «Das Herz der Materie» steht hier das Wörtchen «von». Dies scheint ein Druckfehler zu sein, denn im Original heißt es: «Et il m'a semblé, à cet instant, que j'étais, devant cette Chose en train de se faire, pareil à une bète, dont l'âme s'éveille, et qui perçoit des groupes de réalités connexes, sans pouvoir saisir le lien de ce qu'elles représentent» (Teilhard de Chardin, Œuvres 12,241)

4 *Hymne an das Ewig Weibliche*
Beatrix zu eigen

Ab initio creata sum . . . (Von Anfang an bin ich geschaffen: Sprüche 8, 22/ 23)

Ich bin erschienen von Anbeginn der Welt. Vor aller Zeit bin ich aus den Händen Gottes hervorgegangen – ein Anfang, ausersehen, in der Zeiten Lauf an Schönheit zuzunehmen, als Mitwirkende an seinem Werk.

Alles im Universum ist Werk der Vereinigung und Befruchtung – geschieht durch Sammlung der Elemente, die sich suchen und zu zweit miteinander verschmelzen und so wiedergeboren werden zu einem Dritten.

Gott hat mich inmitten der Vielfalt des Anfangs als eine Kraft verdichtender Sammlung mich ausbreiten lassen.

Ich bin das verbindende Antlitz alles Seienden – ich bin der Wohlgeruch, der sie in Freiheit und Leidenschaft auf den Weg zu ihrer Vereinigung lockt und an sich zieht.

Durch mich gerät alles in Bewegung und in Beziehung.

Ich bin die der Welt eingegossene Anmut, auf daß sie zusammenfinde – das über ihr schwebende Ideal, auf daß sie emporsteige.

Ich bin das wesenhaft Weibliche.

Im Anfang war ich nur ein wogender Dunst, ich verbarg mich unter kaum bewußten verwandten Strebungen, unter einer schwach wesenden Polarität. Und doch war ich schon da.

Die Felder kosmischer Substanz, die in ihren ersten Falten die Verheißung abertausender von Welten tragen, zeichneten durch ihre Wirbel hindurch die ersten Züge meiner Gestalt ab.

Wie eine noch schlummernde, aber wirkliche Seele bewegte ich die fast gestaltlose erste Masse, die sich in das Feld meiner Anziehungskraft stürzte; und bis in die Atome, in die abgründig winzigsten Teilchen hinein, senkte ich die dunkle und unentwegte Unruhe, damit sie, zunichte gemacht, aus ihrer Einsamkeit herausträten – und sich an irgend etwas außerhalb ihrer anklammerten.

Ich war es, der so den Grund zum Universum legte.

Denn jede noch so geringfügige Monade – wenn sie nur wirklich ein Zentrum an Aktivität ist – gehorcht in ihren Bewegungen einem Anfang von Liebe zu mir – dem ewig Weiblichen.

Mit dem Leben habe ich begonnen, in ausgewählten Gestalten des Seienden mich zu verkörpern, um in besonderer Weise mein eigenes Bild zu sein.

Stufenweise habe ich mich individualisiert. Zunächst ungeschieden und flüchtig, als hätte ich gezaudert, mich in einer tastbaren Gestalt festzulegen . . . differenzierter indes in dem Maße, als die Seelen einer reicheren, tieferen und vergeistigteren Einigung fähig wurden.

So entwickelte sich in aller Geduld und insgeheim die Gestalt der Braut und Mutter.

146

Im Laufe dieses Wandlungsprozesses habe ich keine jener niederen Anziehungskräfte verworfen, welche die nacheinanderfolgenden Phasen meines Erscheinens gekennzeichnet hatten – ebensowenig wie das Innere des Ölbaumes bei jedem neuen Frühling sich aushöhlt.

Ich habe sie lediglich in ein Ganzes eingebracht und dem Gesetz unterworfen, ein erweitertes Bewußtsein zu tragen. So konnte ich in dem Maße, als die Lebewesen sich auf Erden vervollkommneten, mich von Kreis zu Kreis allen konzentrierten Feldern ihrer Strebungen als die zugeeignete Form ihrer Seligkeit entgegensetzen – wobei ich indes ihrem Wachstum immer vorgreifend waltete.

Betrachtet das unermeßliche Erschauern, das von Horizont zu Horizont Städte und Wälder ergreift. Seht euch das Leben mit seinen Höhen und Tiefen an, wie die Menschen hin und her wogen und die Welt in Gärung bringen – nehmt wahr den Gesang der Vögel und ihren Schmuck, das lustige Summen der Insekten, die unermüdliche Entfaltung der Blumen, das unwiderstehliche Schaffen der Zellen – die endlose Arbeit des Keimes . . .

Ich bin der einzigartige Strahl, durch den all dies ausgelöst wird und in dessen Innerstem all das zum Schwingen kommt.

Der Mensch, die Synthese der Natur, tut viele Dinge mit dem Feuer, das in seinem Herzen brennt. Er häuft die Macht an, er verfolgt den Ruhm, er schafft die Schönheit, er gibt sich der Wissenschaft hin. Und oft gibt er sich keine *Rechenschaft darüber*, daß ihn unter so vielen verschiedenen Gestalten immer die gleiche geläuterte, verwandelte, indes lebendige Leidenschaft beseelt – die Anziehungskraft des Weiblichen.

Im Leben habe ich begonnen, mich zu offenbaren.

Doch der Mensch ist der erste, der mich in der Verwirrung, in die ihn meine Gegenwart gestürzt hat, erkannt hat.

Wenn der Mann eine Frau liebt, hat er zunächst die Vorstellung, seine Liebe wende sich einem Einzelwesen zu, wie er selber eines ist, seinem Wesen, das er umgreift, so gut er es vermag, und das er frei sich zugesellt.

Während er mein Antlitz mit einem Nimbus umgibt, entdeckt er ein Strahlen, das sein Herz empfänglich macht und alle Dinge zum Leuchten bringt. Dieses Strahlen meines Wesens schreibt er einer subjektiven Stimmung seines entzückten Geistes zu oder einem bloßen Reflex meiner Schönheit auf die tausend Facetten der Natur.

Bald jedoch erstaunt er über das Ungestüm, das bei meinem Nahen in ihm aufbricht, und er zittert bei der Feststellung, daß er sich nur mit mir vereinen kann, wenn er sich zwangsläufig als Diener eines universellen Werkes der Schöpfung ergreifen läßt.

Er dachte, neben sich nur eine Gefährtin zu finden: doch wird er gewahr, daß er in mir die große geheime Macht, die geheimnisvolle Verborgenheit berührt, die ihn unter dieser Gestalt ereilt, um ihn mit sich zu reißen.

Wer mich gefunden hat, steht am Eingang aller Dinge. Nicht nur durch die Vermittlung seiner ihm eigenen Empfänglichkeit, sondern auch durch die naturhaften Entsprechungen des mir eigenen Wesens wirke ich in der Seele der Welt fort – oder besser, ich bin der Zauber der universellen Gegenwart und ihr vielgesichtiges Lächeln. Ich bin der Zutritt zum Herzen der ganzen Schöpfung – das Tor zur Erde – die Initiation . . .

Wer mich nimmt, gibt sich mir hin, und er wird vom Universum ergriffen.

Mein Wissen ist, ach, Gutes und Böses . . .

Der Mensch ist durch seine Initiative berauscht worden . . .

Als er gesehen hat, daß ich *für ihn das All* war, hat er geglaubt, er könnte mich in seinen Armen umschließen.

Er hat sich mit mir in einer *geschlossenen* Welt zu zweit einschließen wollen, wo wir uns genügen würden.

Genau in diesem Augenblick bin ich in seinen Händen zerflossen . . . Und es hat den Anschein erwecken können, als sei ich die Verderbnis der Menschheit – die Versuchung.

Ihr Menschen, warum wollt ihr auf dem Wege der mühevollen Läuterungen innehalten, wo doch meine Anmut dazu da ist, euch dorthin zu führen?

Ich bin vom Wesen her fruchtbar – das heißt, ich beuge mich über die Zukunft und über das Ideal.

Von dem Augenblick an also, da ihr versucht, mich festzuhalten und mich unter einer völlig fertigen Gestalt zu besitzen, erstickt ihr mich . . .

Mehr noch, ihr verderbt mich, ihr kehrt mein Wesen planmäßig um.

Denn das Gleichgewicht des Lebens zwingt euch, immerzu emporzusteigen, ihr könnt euch nicht an ein starres Idol von mir anklammern, ohne euch nach rückwärts zu wenden: ihr sinkt zur Materie zurück, statt zu Göttern zu werden.

Sobald ich eure Flügel um mich zusammenschlagt, stürzt ihr mitsamt der Materie nach unten: denn was die Materie sinken läßt, ist die unfruchtbare und neutralisierende Vereinigung ihrer Elemente.

Ihr umarmt nur die Materie; denn die Materie ist eine Bahn, eine Richtung – das Antlitz des Geistes, wenn man sich ihm rückwärtsschreitend nähert.

Und euer Sturz beschleunigt sich auf erschreckende Weise – so schnell wie das immer gähnendere Auseinanderklaffen zwischen eurem wirklichen Begehren und den immer gewöhnlicheren Formen, unter denen ihr mich verfolgt.

Und am Ende eurer Bemühungen umarmt ihr, Staub geworden, nur mehr Staub.

Je mehr ihr Menschen mich in Richtung der Lust sucht, desto mehr entfernt ihr euch von meiner Wirklichkeit...

Das Fleisch, das in der Tat als die Anziehungskraft des Bösen sein Spiel treibt zwischen euch und dem niederen Vielerlei (jenem Kehrbild Gottes), ist nur die Kehrseite meiner Erscheinung, die über einem Abgrund grenzenloser Auflösung, d. h. der Zerstörung schwebt.

Ungeübt, Schein von Wahrheit zu unterscheiden, hat der Mensch lange nicht gewußt, *ob er mich fürchten* oder verehren sollte.

Er liebte mich um meiner Anmut und meiner Herrschaft willen; er fürchtete mich ob meiner ihm fremden Macht und um der unerklärlichen Verblendungen willen, die von mir ausgehen.

Ich war seine Kraft und seine Gebrechlichkeit – seine Hoffnung und seine Bewährung. – An mir schieden sich Gute und Böse.

Vielleicht hätte er mich endgültig schlecht gemacht, wäre nicht Christus gekommen.

II.

Et usque ad futurum non desinam... (Und bis in künftige Zeit werde ich nicht aufhören: Sprüche 24, 14)

Christus hat mich erlöst. Er hat mich befreit.

Als er gesagt hat: *Melius est non nubere* (Besser ist, nicht zu heiraten, nach: *Melius est enim nubere quam uri* [1. Kor. 7,9] und *qui matrimonio jungit virginem suam, bene facit: et qui non jungit, melius facit* [1. Kor. 8,38]: «Es ist besser zu heiraten, als sich in Begierde zu verzehren» und «wer seine Jungfrau heiratet, handelt richtig; doch wer sie nicht heiratet, handelt besser»), hat man mich für das ewige Leben für tot erachtet.

In Wirklichkeit hat er mich durch diese Worte auferweckt wie Lazarus – mit Magdalena –, und er hat mich zwischen sich und die Menschen gestellt wie einen Nimbus von Herrlichkeit:

Indem er die Tugend offenbarte, hat er in Wirklichkeit mein eigentliches Wesen umschrieben, und er hat die Menschen, die meine Spur verloren hatten, wieder auf den rechten Weg gesetzt, auf den ich meine Schritte gelenkt hatte.

Auf der wiedergeborenen Welt fahre ich fort, wie seit Anbeginn meiner Geburt zur Vereinigung mit dem ganzen Universum aufzurufen – ich bin der Zauber der Welt, wie er sich auf einem Menschenantlitz niederschlägt.

Die wahre Vereinigung jedoch ist eine solche, die vereinfacht, d. h. die vergeistigt... Die wahre Fruchtbarkeit ist die, welche die Menschen einander zugesellt kraft des Heiligen Geistes.

Um Frau zu bleiben in der neuen Sphäre, in die das Geschöpf gelangt ist, habe ich die Gestalt wechseln müssen, ohne daß meine alte Natur verändert worden wäre.

Während mein trügerisches Bild fortfährt, den begehrlichen Menschen auf die Materie hin zu faszinieren, ist meine Realität erhöht worden und zieht alles an sich; sie schwebt zwischen dem Christen und Gott.

Ich verführe immer, aber zum Licht hin. Ich reiße mit fort, aber in die Freiheit hinein.

Ich bin von nun an Jungfräulichkeit.

Die Jungfrau ist noch Frau und Mutter; das ist das Zeichen der neuen Zeiten.

Auf der Akropolis werfen die Heiden dem Evangelium vor, die Welt entstellt zu haben, und sie beweinen die Schönheit. – Das ist eine Gotteslästerung.

Die Stimme Christi ist nicht das Signal für einen Bruch, für eine Emanzipation: als ob die Auserwählten Gottes, indem sie das Gesetz des Fleisches verwerfen, die Bande zerreißen könnten, die sie mit den Bestimmungen ihres Geschlechtes verknüpften, und so dem kosmischen Lauf entfliehen könnten, in dem sie geboren worden sind.

Wer den Ruf Jesu hört, braucht nicht die Liebe aus seinem Herzen zu verwerfen. Er muß vielmehr von Grund auf menschlich bleiben.

So braucht er wiederum mich, um seine Kräfte empfänglich zu machen und seine Seele für die Leidenschaft zum Göttlichen zu wecken.

Für den Heiligen bin ich mehr als für irgendeinen anderen der mütterliche Schatten, der sich über die Wiege beugt – bin ich die strahlende Gestalt, welche die Träume der Jugend annehmen, und die tiefe Sehnsucht, die das Herz wie eine unumstrittene und fremdartige Macht durchdringt – bin ich die Spur der Achse des Lebens im Einzelnen.

Christus hat mir alle meine Geschmeide gelassen. Nur hat er vom Himmel einen Strahl auf mich fallenlassen, der mich grenzenlos erhoben hat.

Zuerst hat es ihm gefallen, der *natürlichen* Triebfeder meiner Entfaltung einen neuen Anstoß zu geben.

Angesichts einer Menschheit, die unaufhaltsam emporsteigt, will es meine Rolle, daß ich mich höher zurückziehe – über dem wachsenden Begehren der Erde wie ein Lockmittel und eine Beute schwebend – fast ergriffen, niemals festgehalten. Das Weibliche muß sich in einer Welt, die nicht aufgehört hat, sich zu entwickeln, seinem Wesen nach immerfort betonen; das letzte Aufbrechen meines emporsteigenden Triebes zu sichern, darin wird die Herrlichkeit und die Freude der Keuschheit liegen.

Unzählbar sind die *neuen* Wesen, die von Lebensalter zu Lebensalter durch die Natur dem Leben geschenkt werden.

Unter dem christlichen Einfluß werde ich bis zur Vollendung der Schöpfung ihre gefährlichen und subtilen Verfeinerungen in eine immer sich wandelnde Vollkommenheit zusammenfügen, in der die Bestrebungen jeder neuen Generation einfließen.

So wird man, solange die Welt dauert, auf dem Antlitz von Beatrix die Träume der Kunst und der Wissenschaft sich spiegeln sehen, denen jedes neue Jahrhundert sich entgegensehnt . . .

– Die Frau hat seit den Anfängen nicht aufgehört, die Blüte von allem, was die Kraft der Natur und die menschliche Kunstfertigkeit hervorbrachen, für sich vorwegzunehmen.

Wer könnte sagen, in welchem Blütenstrauß individueller und kosmischer Vollkommenheit ich mich am Abend der Welt vor dem Angesicht Gottes entfalten werde?

Ich bin die unverwelkliche Schönheit der künftigen Zeiten – das weibliche Ideal.

Je mehr ich also Frau sein werde, desto immaterieller und himmlischer wird meine Gestalt sein.

In mir strebt die Seele danach, den Leib zu vergeistigen, und die Gnade strebt danach, die Seele zu vergöttlichen.

Die mich behalten wollen, werden sich mit mir wandeln müssen . . .

Seht. Unmerklich rückt der Brennpunkt meiner Anziehungskraft dem Pol zu, dem alle Richtungen des Geistes zuströmen . . .

Der Regenbogen meiner Reize, der wie ein Schmuck über die Schöpfung gespannt ist, faltet seine Säume langsam wieder zusammen . . .

Schon legt sich der Schatten über das Fleisch, selbst wenn es durch die Sakramente geläutert ist. Eines Tages wird er vielleicht bis zur Kunst, bis zur Wissenschaft reichen – diesen Dingen, die wie eine Frau geliebt werden . . .

Der Strahl wendet sich. Man muß ihm folgen.

Bald wird nur Gott in einer völlig jungfräulich gewordenen Welt für euch übrigbleiben.

In mir wartet Gott auf euch.

Gott habe ich längst vor euch an mich gezogen . . .

Lang ehe der Mensch die Reichweite meiner Macht ermessen und die Richtung meiner Anziehungskraft vergöttlicht hat, hatte der Herr mich bereits ganz in seiner Weisheit empfangen, und ich hatte sein Herz erobert.

Glaubt ihr, daß er ohne meine Reinheit, die ihn bezaubern sollte, jemals Fleisch geworden und inmitten seiner Schöpfung herabgestiegen wäre?

Allein die Liebe ist fähig, das Sein zu bewegen.

Um also aus sich herausgehen zu können, mußte Gott im voraus vor sich her einen Weg der Sehnsucht bahnen und einen Wohlgeruch der Schönheit ausbreiten.

Damals hat er mich als leuchtende Rauchsäule über den Abgrund – zwischen der Erde und Sich – aufgehen lassen, um in mir unter euch zu wohnen. Versteht ihr jetzt das Geheimnis eurer Regung, wenn ich euch nahe? . . .

Das zarte Mitgefühl, der Reiz der Heiligkeit, die von der Frau ausgehen – und das auf so natürliche Weise, daß ihr sie nur in ihrer Nähe sucht, und doch wieder so geheimnisvoll, daß ihr nicht sagen könnt, wo ihre Quelle liegt –, es ist die Gegenwart Gottes, die sich verspüren läßt und die euer Herz ganz entflammt.

Zwischen Gott und die Erde gesetzt als ein Bereich der gemeinsamen Anziehung, lasse ich den einen auf den anderen zukommen, voller Leidenschaft, bis sich in mir die Begegnung ereignet, in der sich das Wachstum und die Fülle Christi durch die Jahrhunderte hindurch vollenden.

Ich bin die Kirche, die Braut Jesu.

Ich bin die Jungfrau Maria, die Mutter aller Menschen.

Man könnte glauben, bei diesem Zusammenfließen von Himmel und Erde sei ich dazu ausersehen, als unnütze Magd zurückzutreten – als sollte ich mich verflüchtigen wie ein Schatten vor der Wirklichkeit.

Mögen die, die mich lieben, diese Furcht verbannen.

Genausowenig wie das Sein durch Teilhabe sich verliert, wenn es seinen Grund erreicht, vielmehr genau so, wie es sich vollendet, wenn es sich in Gott gründet – genausowenig wie die einmal gestaltete Seele die unzähligen Elemente, aus denen sie hervorgegangen ist, schlechthin ausschaltet, sondern so, wie sie grundsätzlich eine Kraft und einen Anspruch des Fleisches in sich bewahrt, um sich daran einzuhüllen . . ., ebensowenig wird der vergöttlichte Kosmos meinen anziehungsmächtigen Einfluß von sich stoßen, durch den sich das immer kompliziertere und immer einfachere Bündel seiner Atome stufenweise gebildet hat und in ihm verbunden bleibt.

Bis in die Gluten der göttlichen Berührung werde ich weiterbestehen, in meiner Ganzheit und mit meiner ganzen Vergangenheit – Mehr noch, ich werde fortfahren, mich zu enthüllen – ebenso unerschöpflich in meinem Werden wie die unendlichen Reize, deren Kleid, deren Gestalt und deren Zugang ich immerdar bin, auch wenn man es nicht wahrnimmt.

Während ihr also glauben werdet, ich sei nicht da – während ihr mich vergessen werdet, die Luft für eure Lunge und das Licht für eure Augen –, werde ich noch anwesend sein, eingetaucht in die Sonne, die ich in mich hineingenommen habe . . .

Ihr seligen Auserwählten braucht doch nur einen Augenblick die Spannung zu lockern, die euch zu Gott hintreibt, oder auch nur ein wenig über die Herdmitte hinauszuschauen, die euch festhält, und schon werdet ihr von neuem sehen, wie mein Bild über dem Antlitz des göttlichen Feuers dahinspielt.

– Und in diesem Augenblick werdet ihr mit Bewunderung sehen, wie hinter den langen Falten, die meine Schönheit verhüllten, unverändert lebendig die Reihe der nacheinander durchstandenen Verlockungen abläuft, die vom Rande des Nichts angefangen dazu beigetragen haben, die Elemente des Geistes zusammenströmen und sich sammeln zu lassen – und dies einzig aus Liebe.

Ich bin das Ewig-Weibliche.

(Siehe Günther Schiwy, Das Teilhard de Chardin Lesebuch, 137–147).

5 Teilhard beschließt seine Arbeit über «Die geistige Potenz der Materie» mit einer *Hymne an die Materie*:

Gesegnet seist du, herbe Materie, unfruchtbarer Boden, harter Fels, du, die du nur der Gewalt weichst und uns zwingst zu arbeiten, wenn wir essen wollen

Gesegnet seist du, gefahrvolle Materie, gewalttätiges Meer, unzähmbare Leidenschaft, du, die du uns verschlingst, wenn wir dich nicht anketten.

Gesegnet seist du, machtvolle Materie, unwiderstehliche Evolution, immer neugeborene Wirklichkeit, du, die du in jedem Augenblick unsere Rahmen sprengst, uns zwingst, die Wahrheit immer weiter zu verfolgen.

Gesegnet seist du, universelle Materie, grenzenlose Dauer, uferloser Äther – dreifacher Abgrund der Sterne, der Atome und der Generationen – du, die du, unsere engen Maße überflutend und auflösend, uns die Dimensionen Gottes offenbarst.

Gesegnet seist du, undurchdringliche Materie, du, die du, überall zwischen unsere Seelen und die Welt der Wesenheiten gespannt, uns vor Verlangen schmachten läßt, den nahtlosen Schleier der Phänomene zu durchstoßen.

Gesegnet seist du, tödliche Materie, du, die du uns, eines Tages in uns zerfallend, mit Gewalt in das Herz selbst dessen einführen wirst, was ist.

Ohne dich, Materie, ohne deine Angriffe, ohne dein Herausreißen würden wir träge, stillstehend, kindisch, unwissend um uns selbst und um Gott dahinleben. Du schlägst und du verbindest – du widerstehst und du beugst dich – du stürzest um und du baust auf – du verkettest und du befreist – Saft unserer Seelen, Hand Gottes, Fleisch Christi, Materie, ich segne dich.

– Ich segne dich, Materie, und ich grüße dich, nicht so, wie dich die hohen Herren der Wissenschaft und die Tugendprediger verkürzt oder entstellt beschreiben – eine Zusammenhäufung, so sagen sie, brutaler Kräfte oder niedriger Neigungen –, sondern so, wie du mir heute erscheinst, *in deiner Totalität und in deiner Wahrheit.*

Ich grüße dich, unerschöpfliche Fähigkeit des Seins und der Transformation, in der die erwählte Substanz keimt und wächst.

Ich grüße dich, universelle Potenz der Annäherung und Vereinigung, durch die sich die Menge der Monaden verbindet und in der sie alle auf der Straße des Geistes konvergieren.

Ich grüße dich, harmonische Quelle der Seelen, klarer Kristall, aus dem das Neue Jerusalem gewonnen wird.

Ich grüße dich, mit schöpferischer Kraft geladenes, göttliches Milieu, vom Geist bewegter Ozean, von dem inkarnierten Wort gekneteter und beseelter Ton.

In dem Glauben, deinem unwiderstehlichen Ruf zu gehorchen, stürzen sich die Menschen häufig aus Liebe zu dir in den äußeren Abgrund egoistischen Genießens. –

Ein Widerschein täuscht sie, oder ein Echo. Das sehe ich jetzt. Um dich, Materie, zu erreichen müssen wir im Ausgang zu einem universellen Kontakt mit allem was sich hier unten regt, nach und nach spüren, wie zwischen unseren Händen die besonderen Formen von all dem, was wir halten, verschwinden, bis wir nur noch im Ringen mit der einzigen Wesenheit aller Konsistenzen und aller Vereinigungen bleiben.

Wir müssen, wenn wir dich haben wollen, dich im Schmerz sublimieren, nachdem wir dich wollüstig in unsere Arme genommen haben.

Du herrschest, Materie, in den erhabenen Höhen, wo die Heiligen glauben, dir auszuweichen – so durchsichtiges und so bewegliches Fleisch, daß wir dich nicht mehr von einem Geist unterscheiden.

Trage mich dorthin empor, Materie, durch das Bemühen, die Trennung und den Tod – trage mich dorthin, wo es endlich möglich sein wird, das Universum keusch zu umarmen.

(Teilhard de Chardin. *Das Herz der Materie*, 166 ff.)

6 Zu den Archetypen hat Willy Obrist ein hervorragendes Buch veröffentlicht, in dem er aufzeigt, wie Natur- und Kulturwissenschaften die Auffassung C. G. Jungs bestätigen (vgl. Willy Obrist, Archetypen).

Literaturverzeichnis

Barthélemy-Madaule, Madeleine: Bergson et Teilhard de Chardin, Editions du Seuil, Paris 1963

Battke, Marion: Das Böse bei Sigmund Freud und C. G. Jung, Patmos-Verlag, Düsseldorf 1978

Ebersberger, Ludwig: Der Mensch und seine Zukunft, Walter-Verlag, Olten 1990

Franz von, Marie-Louise: C. G. Jung, Huber-Verlag, Frauenfeld 1972

Franz von, Marie-Loise: Zahl und Zeit, Klett-Verlag, Stuttgart 1970

Haas, Adolf: Teilhard de Chardin-Lexikon, 2 Bde, Herderbücherei 1971

Hummel, Gert: Theologische Anthropologie und die Wirklichkeit der Psyche, Wissenschaftliche Buchgesellschaft, Darmstadt 1972

Jacobi, Jolande: Die Psychologie von C. G. Jung, Walter-Verlag, Olten 1971

Jaffé, Aniela: Erinnerungen, Träume, Gedanken von C. G Jung, Walter-Verlag, Olten 1979

Jung, C. G.: Gesammelte Werke, 1–19, Walter-Verlag, Olten 1971 ff

Jung, C. G.: Briefe I–III, Walter-Verlag, Olten 1973

Obrist, Willy: Neues Bewußtsein und Religiosität, Walter-Verlag, Olten 1988

Obrist, Willy: Archetypen, Walter-Verlag, Olten 1990

Schiwy, Günther: Das Teilhard de Chardin Lesebuch, Walter-Verlag, Olten 1987

Schiwy, Günther: Teilhard de Chardin. Sein Leben und seine Zeit, 2 Bde, Kösel-Verlag, München 1981

Teilhard de Chardin, Pierre: Entwurf und Entfaltung, Albert-Verlag, Freiburg 1963

Teilhard de Chardin, Pierre: Œuvres 1–13, Editions du Seuil, Paris 1955–1976

Teilhard de Chardin, Pierre: Deutsche Ausgaben der Werke von Teilhard de Chardin:
– Der Mensch im Kosmos, Verlag C. H. Beck, München 1959
– Das Auftreten des Menschen, Walter-Verlag, Olten 1964

- Die Schau in die Vergangenheit, Walter-Verlag, Olten 1965
- Das göttliche Milieu, Walter-Verlag, Olten 1962
- Die Zukunft des Menschen, Walter-Verlag, Olten 1963
- Die menschliche Energie, Walter-Verlag, Olten 1966
- Die lebendige Macht der Evolution, Walter-Verlag, Olten 1967
- Mein Glaube, Walter-Verlag, Olten 1972
- Das Herz der Materie, Walter-Verlag, Olten 1990

Das Teilhard de Chardin Lesebuch
Ausgewählt von Günther Schiwy
279 Seiten, 1987, Leinen

«Das von Günther Schiwy herausgegebene ‹Teilhard de Chardin Lesebuch› eignet sich hervorragend, um in die komplexe Denkwelt dieses Liebhabers der Wahrheit einzuführen. Schiwy ist kompetent in seiner Würdigung und hat eine glückliche Hand bei der Auswahl der Texte gehabt...»
ESSENTIA, St. Gallen

Pierre Teilhard de Chardin
Das Herz der Materie
Kernstück einer genialen Weltsicht
149 Seiten, 1990, gebunden

Die Naturwissenschaften erkennen immer mehr, daß Natur und Kosmos nicht ohne ein geistiges Prinzip zu erklären sind, sowie daß Materie und Geist eine Einheit sein müssen. Teilhard hat das schon vor über 50 Jahren erfaßt und gesellschaftliche Folgerungen daraus gezogen, die uns heute erst aufdämmern. Dieses geniale Welt- und Menschenbild hat er hier niedergelegt. Es bildet das Kernstück seines Lebenswerkes.

Das C. G. Jung Lesebuch
Ausgewählt von Franz Alt
374 Seiten, 6. Auflage 1988, Leinen

«Franz Alts Auswahl gibt ein eindrucksvolles Panorama der Jungschen Gedankenwelt: Jungs Beziehung zu Sigmund Freud, Jungs Lehre zu ‹Archetypen und dem kollektiven Unbewußten›, die praktischen Schritte der Traumanalyse, immer öffnen sich dem Leser wesentliche Aspekte aus dem Opus eines großen Seelenkenners.»
WELT AM SONNTAG, Hamburg

Walter Verlag

Vom Abenteuer Wachsen und Erwachsenwerden
Ein Lesebuch
Ausgewählt von Franz Alt
331 Seiten, 1991, Leinen

Wie werden wir wirklich erwachsen? Was prägt uns? Wer erzieht die Erzieher? Nicht Erziehungsthesen oder etwa der Aufruf zu moralischem Sein und Handeln stehen im Mittelpunkt dieser Sammlung von Aufsätzen, Vorträgen und Briefen Jungs, sondern die Information über Sachverhalte und Möglichkeiten, die dem Menschen das Erwachsenwerden, d. h. verantwortliches Handeln sich selbst und den Mitmenschen gegenüber, erleichtern können oder ihn daran hindern.

Von Mensch und Gott
Ein Lesebuch
Ausgewählt von Franz Alt
326 Seiten, 1989, Leinen

«In diesem Lesebuch werden Vorder- und Hintergründe aufgedeckt, die nicht nur für das persönliche, sondern auch für das öffentliche Leben und für das Überleben der Menschen wichtig sind. Für die Christen und ihre Kirchen, aber auch für Anhängerinnen und Anhänger anderer Religionen und Glaubensrichtungen, die sich erfreulicherweise heutzutage um globale Lösungen in einem konziliaren Prozeß für Frieden, Gerechtigkeit und Bewahrung der Schöpfung bemühen, ist dieses Buch eine wichtige, lesenswerte Orientierung auf ihrem notwendigen Weg, der sehr spät, aber hoffentlich nicht zu spät, begonnen wurde.»
Klaus Immer, Bundestagsabgeordneter a. D., Altenkirchen

Walter-Verlag

Deutsche Ausgaben
der Werke von Teilhard de Chardin

Frühe Schriften
Übersetzt von G. Télisson, P. Thomas und V. Wahl, Karl Alber Verlag,
Freiburg/München 1968

Der Mensch im Kosmos
Übersetzt von Othon Marbach, Verlag C. H. Beck, München 1959

Das Auftreten des Menschen
Übersetzt von L. Häfliger und K. Schmitz-Moormann, Walter-Verlag,
Olten/Freiburg 1964

Die Schau in die Vergangenheit
Übersetzt von J. Bader, H. Stechl und K. Schmitz-Moormann,
Walter-Verlag 1965

Das göttliche Milieu
Übersetzt von K. Schmitz-Moormann, Walter-Verlag 1962

Die Zukunft des Menschen
Übersetzt von L. Häfliger und K. Schmitz-Moormann,
Walter-Verlag 1963

Die menschliche Energie
Übersetzt von K. Schmitz-Moormann, Walter-Verlag 1966

Die lebendige Macht der Evolution
Übersetzt von K. Schmitz-Moormann, Walter-Verlag 1967

Mein Glaube
Übersetzt von K. Schmitz-Moormann, Walter-Verlag 1972

Vom Glück des Daseins
Übersetzt von K. Schmitz-Moormann, Walter-Verlag 1969